五彩融媒

网络育人体系
构建与实践

朱　丹
邓可可 　／　著

湖南大学出版社
·长沙·

图书在版编目（CIP）数据

五彩融媒：网络育人体系构建与实践／朱丹，邓可可著. -- 长沙：湖南大学出版社，2024. 12. -- ISBN 978-7-5667-3801-1

Ⅰ. G641-39

中国国家版本馆 CIP 数据核字第 20245UX610 号

五彩融媒——网络育人体系构建与实践

WUCAI RONGMEI——WANGLUO YUREN TIXI GOUJIAN YU SHIJIAN

著　　者：朱　丹　邓可可

责任编辑：向彩霞　罗红红

印　　装：长沙市雅捷印务有限公司

开　　本：710 mm×1000 mm　1/16

印　　张：11. 5

字　　数：157 千字

版　　次：2024 年 12 月第 1 版

印　　次：2024 年 12 月第 1 次印刷

书　　号：ISBN 978-7-5667-3801-1

定　　价：58. 00 元

出 版 人：李文邦

出版发行：湖南大学出版社

社　　址：湖南・长沙・岳麓山

邮　　编：410082

电　　话：0731-88822559（营销部），88821343（编辑室），88821006（出版部）

传　　真：0731-88822264（总编室）

网　　址：http://press.hnu.edu.cn

电子邮箱：463229873@ qq.com

序 言

1999 年，我兼着学校新建的广播站的差事，广播站里有一台 586 电脑竟然可以拨号上网。我在一个 16 岁小女生的指导下，注册了我的第一个 OICQ 账号，终于在世纪末赶上了网络时代的趟。那时候，计算机、互联网还是高科技，电脑也不是人手一台的办公标配，有电脑、懂网络的同事一个个牛气哄哄。

2000 年，学校升格，我开始和大学生打交道。我发现，这些只比我小八九岁的学生在很多方面知道的东西比我还多，思维也更加活跃。和学生打交道，我不得不把自己变成一个网民，从最初的浏览网页、混聊天室、刷 BBS 到聊 QQ、发 E-mail、写博客、发微博，一度还做过某个知名论坛的版主。两年后，我在学校第一个开出了"网络新闻与传播"课程，这是我讲过的课程中极具有挑战性的一门。完全不懂技术、对于网络尚为入门级别的我，在学术界、IT 界都在探讨网络是把双刃剑的时代，几乎是"现学现卖"，竟也讲得眉飞色舞。后来，我做了学校的首任宣传部部长。学校是传媒院校，由于专业实践的需要，学校的广播站、电视台都由其他部门掌管，那时的宣传工作主要是"横幅海报宣传栏，网站新闻加校报"。部门三个人，除我之外，一个做网站，把新闻发到网站上、把新闻搬到新注册的官微上；一个编校报，把网站上累积了一个月的新闻再印到纸上。有同事羡慕我清闲，送我一个手持喇叭，戏称其是我唯一可能需要添置的"办公设备"。

2017年，我从一个事务纷繁的部门再一次回到宣传部部长岗位，还没到任，便被派出脱产学习差不多半年，大小事务一并由我的同事们打理。等我到岗时，做网站的同事还在，编校报的同事已经调走，办公室多了一位新来的女同事——她来这个部门最大的优势是，做过某个大型机构的新媒体运营。我重回宣传岗位，原本是奔着"清闲"去的，然而，履职的第一天我就发现，高校的宣传工作今非昔比，大学生的思政工作前所未有地被重视，育人体系里"网络育人"赫然在列，"网络思政"早已不是停留在文件上的字眼。而我们的学生，也已经换成了"00后"——他们，恰好是和网络一起成长的一代人。对他们而言，网络不仅仅意味着海量的信息和广阔的视野，更成为他们学习、生活的原生态方式。电脑已经成为他们的标配，智能手机更是他们新的伙伴。而网络，也已经衍生出来好多新潮的词语，比如"数字化""大数据""云计算""自媒体""新媒体"……"媒介融合"无疑是这些新词中亮眼的一个。于是，我在第二次校党委宣传部部长任上，开始筹划建设学校的融媒体中心。

高校的融媒体中心该怎么建？这是我要思考的第一个问题。我至今都固执地认为，高校的融媒体中心，应当区别于其他机关和企业的融媒体中心，它不应是简单的政务或者商务融媒体内容在学校的复制，更多的要考虑它的育人功能，以年轻人的话语方式，在新媒体平台上发出主流的声音，让他们形成正确的信息鉴别能力、健康的网络使用习惯，引导他们以正确的三观去看世界、知社会。而我又在一所传媒职业院校工作，我们做融媒体，有着得天独厚的优势，人员和技术不是问题，很多专业的学生都可以在这里找到专业实践的机会。所以，我把我们的融媒体中心定义为"宣传阵地+思政高地+实践基地"，开始了我和我的团队的网络思政尝试。

融媒体中心的建设始于秋天，学校把最好的办公楼里最好的办公场地给了我们，一整扇大玻璃窗可以看到学校美丽的风景，绿水青山、蓝天白云以及秋天的满山红叶……湖光山色，五彩缤纷，美景尽收眼底。楼下，是全国知名的湖南广播电视台的节目生产基地。这个极佳的"观景台"给了我充分的灵感。我想，网络不应是冰冷的机器和生硬的字符，而应是多姿多彩的，只有多姿多彩，才能吸引年轻学生们的眼球。我设计了一个"五彩融媒"的概念，五种颜色代表着我对这个融媒体中心的期待："红色"是主旋律文化的思想引领，"蓝色"是智慧校园的技术支撑，"绿色"是学生的网络文明素养，"橙色"是网络产品的创意思维，"金色"是培育出的一系列网络育人理论和实践成果。我们期望探索与构建适用于高校的融媒体时代网络思政工作体系。

我们招募了大约50名来自不同专业的学生，他们是各个专业里的佼佼者。我让他们统一穿上了标有"五彩融媒"字样的黄色马甲，他们开始在课余、在学校的各个重大场合披挂上阵，报道校园里的消息；他们在小小的演播室里做的各种专题，契合当年热门的思政话题；他们在校园的醒目处架起摇臂和镜头，做出一场场轰动校园的大型直播；他们捕捉校园里那些优秀学生的身影，把身边的榜样打造成"网红"；他们在每个温暖的时间节点策划出一个个有温度的活动……这些都通过网络传递到了师生、校友的手机终端。在他们的背后，是大约500人规模的全校新媒体矩阵。大事件共同发声，小细节各显其长，几年下来，"黄马甲"已成为这个精致校园里一道亮丽的风景线。

一年一轮换的"黄马甲"已经走过了七年的时光，从最初的一批到现在，有的已成为新闻机构的骨干，有的创业当上了传媒公司的老板，有的在攻读硕士继续深造……共计数百个在各大国家级、省级赛事的奖项，一批批高质量的网络育人作品，成为"黄马甲"留给校园最厚重的纪念品。"五彩融媒"也在学校"三全育人"综合改革的大背景下，逐渐成为一个响亮的育人品牌，成为湖南省高校思政工作精品项目优秀项目、教育部全国高校思想政治工作精品项目、湖南省高校"十大"育人示范案例、湖南省职业院校"三全育人"典型案例……"五彩融媒"团队连续三年获评全国高职院校优秀可视化融媒团队，官方视频号跻身全国百强；"五彩融媒"的网络育人经验两次登上《湖南日报》的重要版面。

感谢"五彩融媒"的团队成员。邓可可是这个团队的"执行官"，"五彩融媒"的实践大多是她带着"黄马甲"做出来的。李佳一直踏踏实实地做着保障工作，事无巨细。纪富贵作为"五彩融媒"最初的设计者之一，提供了独到的学术支持。

我们尝试着把几年的探索与实践成果梳理出来，汇聚成这本薄薄的书，其中既有我们对网络思政粗浅的理论探究，又有我们的一些还算成功的实践案例。这不仅是对过往努力和收获的总结，更多的是抛砖引玉，为方兴未艾大思政背景下的网络育人提供一点参考和借鉴。

2024 年 6 月

目次

第一章　高校网络育人体系概述 ················· 001

　第一节　高校网络育人的基本要素 ················· 003

　第二节　高校网络育人的研究综述 ················· 020

　第三节　高校网络育人的主要困境 ················· 030

第二章　五彩融媒网络育人体系概述 ················· 035

　第一节　五彩融媒网络育人体系的理论基础 ··········· 037

　第二节　五彩融媒网络育人体系的要素 ·············· 042

　第三节　五彩融媒网络育人体系的探索创新 ··········· 054

第三章　五彩融媒网络育人体系的构建 ··············· 065

　第一节　理念引领，构建根基 ················· 067

　第二节　内容为王，掌控有度 ················· 078

　第三节　平台优化，提质增效 ················· 085

　第四节　队伍联动，力量源泉 ················· 092

第四章　五彩融媒网络育人体系的实践 ⋯⋯⋯⋯⋯⋯⋯⋯ 101

第一节　紧扣"红色"文化主题 ⋯⋯⋯⋯⋯⋯⋯⋯⋯⋯ 103

第二节　建设"蓝色"智慧校园 ⋯⋯⋯⋯⋯⋯⋯⋯⋯⋯ 112

第三节　坚持"绿色"办网用网 ⋯⋯⋯⋯⋯⋯⋯⋯⋯⋯ 121

第四节　弘扬"橙色"湖湘文化 ⋯⋯⋯⋯⋯⋯⋯⋯⋯⋯ 127

第五节　培育"金色"育人成果 ⋯⋯⋯⋯⋯⋯⋯⋯⋯⋯ 134

第五章　五彩融媒网络育人的典型成效 ⋯⋯⋯⋯⋯⋯⋯⋯ 143

第一节　技能达人 ⋯⋯⋯⋯⋯⋯⋯⋯⋯⋯⋯⋯⋯⋯⋯ 145

第二节　学生领袖 ⋯⋯⋯⋯⋯⋯⋯⋯⋯⋯⋯⋯⋯⋯⋯ 155

第三节　志愿先锋 ⋯⋯⋯⋯⋯⋯⋯⋯⋯⋯⋯⋯⋯⋯⋯ 163

参考文献 ⋯⋯⋯⋯⋯⋯⋯⋯⋯⋯⋯⋯⋯⋯⋯⋯⋯⋯⋯⋯ 173

第一章

高校网络育人体系概述

　　网络育人的缘起可以追溯到信息技术的迅猛发展和互联网的普及。这一概念的形成主要是为了适应新时代教育需求的变化，特别是在全球化、信息化的背景下，传统的教育模式面临着诸多挑战，互联网的发展使得教育资源可以突破时间和空间的限制，得以广泛传播和共享，为教育模式的创新提供了可能，也为思想政治教育等传统教育内容的传递开辟了新的渠道。同时，网络育人通过丰富的在线资源和互动平台，为学生提供了个性化、灵活多样的学习体验，有助于全面提升学生的综合素质，满足社会日新月异的人才需求。网络育人是信息技术发展的必然产物，也是应对新时代教育挑战和需求的重要举措。

第 一 节

高校网络育人的基本要素

　　随着互联网的普及和信息技术的迅速发展，传统的教育模式面临着许多挑战，包括时间和空间的限制、资源分配的不均衡，以及突发事件对教书育人工作的影响，等等。就高校的思想政治教育而言，高校网络育人通过技术手段优化了教育资源的配置，构建了一个高效、灵活、个性化的思想政治教育体系，满足了现代社会对创新型、高素质人才的需求。高校网络育人是教育模式的一次创新，更是对传统教育方式的一次有力的补充，不仅提升了思想政治教育的普及性和公平性，还增强了思想政治教育的针对性和实效性，为培养适应现代社会需求的高素质人才提供了坚实保障。

一、高校网络育人的内涵

准确把握网络育人的内涵，对于高校开展思想政治教育工作具有重要意义。通过信息技术手段和互联网平台，高校思想政治教育可以突破时间和空间的限制，采用个性化和灵活的教育方式，提升学生的思想政治素养、道德品质、心理健康水平和职业能力。当下，现代社会对复合型人才需求强烈，高校网络育人以覆盖更加广泛和传播更加深入的全新教育方式，能更好地引导学生树立正确的世界观、人生观和价值观，全面提升高校思想政治教育的实效。

（一）高校网络育人的时代背景

党的十九大以来，习近平总书记多次强调，我国必须科学认识网络传播规律，提高用网治网的水平与能力，充分运用新媒体、新技术创新思想政治工作，增强时代感和吸引力。[1] 教育部 2017 年 12 月发布《高校思想政治工作质量提升工程实施纲要》，其中明确提出构建"十大"育人体系，"网络育人质量提升体系"作为高校政治工作质量提升工程的重要组成部分，为网络思想政治教育的发展指明了方向。

---

[1] 李洁."三全育人"视阈下高校网络思想政治教育研究[J]. 北京教育（高教），2020（2）：70-72.

1. 网络技术是现代社会发展的重要驱动力

随着网络技术的普及，信息的获取和传播变得前所未有地便捷和高效，这极大地提升了人们的生活质量和工作效率。人们只需轻点鼠标或轻触屏幕，就能访问海量信息，并进行全球范围内的实时交流，这种便捷性和高效性正深刻地改变着人们的生活方式和思维方式。网络技术使得信息的透明度和可获得性显著提高，个人和组织可以更加轻松地获取所需的知识和资源，从而促进社会的进步和发展。

在这一背景下，网络不仅成为人们获取信息、交流思想的重要平台，也成为思想政治教育工作的重要阵地。网络平台的多样性和广泛性为思想政治教育提供了新的渠道和方法，使得教育内容可以更广泛地传播，并能够以更吸引人的形式呈现给受众。通过社交媒体、在线论坛、电子期刊等多种网络工具，高校思想政治教育工作者可以及时捕捉和回应社会热点问题，引导舆论，传播正能量，增强思想政治工作的针对性和实效性。

同时，网络技术还促进了思想政治教育工作的互动性、参与性、针对性。学生可以通过网络平台发表意见、参与讨论，育人工作者则可以通过大数据分析和人工智能技术实现思想政治教育工作的精细化管理。这种双向互动的良性循环，增强了思想政治教育的影响力和吸引力，更提高了思想政治教育的效率。

2. "三全育人"是思想政治教育工作的重要指导

"三全育人"指全员育人、全程育人、全方位育人，旨在培养德智体美劳全面发展的社会主义建设者和接班人。[1] 在网络技术快速发展的背景下，"三全育人"理念的实施需要与网络技术紧密结合。网络技术为"三全育人"理念的实施提供了强有力的支持和无限的可能，教育工作者可以实现教育资源的共享和优化配置，提升教育教学的效率和质量，提供个性化的学习支持和交流互动的机会，可以更好地实现全员育人、全程育人和全方位育人的目标，培养出具有创新精神、实践能力和全面素质的社会主义建设者和接班人。[2]

具体而言，借助网络技术，"全员育人"要求全校的教职员工参与育人工作。通过在线培训和网络资源共享，教师和管理人员都能够更加方便地获取最新的教育理论和实践方法，从而提高其育人能力，形成全员育人的合力。同时，网络技术与育人工作的深度融合，使得教育活动能够覆盖学生的整个学习生涯。从新生入学的在线指导，到日常学习的远程教学，再到毕业就业的在线辅导，以及在整个学业过程中对学生成长轨迹的及时跟踪和反馈，网络平台可以衔接各个教育环节，确保育人工作贯穿始终。在全方位育人方面，网络技术拓展了育人的空间和内容。网络课程、虚拟实验、在线讨论等教学形式，可以在思想政治教育、学术研究、生活指导、心理辅导等各方面实现全面覆盖。特别是在思想政治教育方面，网络平台提供了丰富的资源和多样化的表达方式，使得思想政治教育更加生动和深入人心。

---

[1]　覃康聪，梁晓理.牢记初心使命，保证高校"三全育人"落地生根[J].文教资料，2020（24）：97-99，129.

[2]　李哲君.新时代"三全育人"的实践路径优化研究[J].黑龙江教育（理论与实践），2022（8）：20-22.

3. 网络育人是"十大"育人体系的重要组成部分

教育部提出的"十大"育人体系，是高校思想政治工作质量提升工程的核心组成部分，涵盖了课程育人、科研育人、实践育人、文化育人、网络育人等多个方面，旨在构建全方位、多层次、立体化的育人格局。这一体系通过将不同育人途径的有机结合，全面推动高校思想政治教育工作的发展和提升。其中，网络育人作为一个关键组成部分，凭借其独特的优势和广泛的影响力，发挥着重要的作用。网络育人的引入和深化，标志着思想政治教育工作进入了一个新的阶段，它不仅丰富了育人的手段和内容，也为新时代高校育人工作注入了新的活力和强大的动力。

在"十大"育人体系中，网络育人质量提升体系的地位和作用尤为重要。通过加强网络育人的组织和保障，优化网络育人的内容和方法，我们可以有效利用网络技术开展思想政治工作，增强其时代感和吸引力。网络平台和技术工具的广泛应用，为思想政治教育提供了更加便捷的方式和多样的渠道，使教育内容能够更及时、更广泛地传递给学生。通过网络课程、在线讨论、虚拟论坛等形式，思想政治教育不仅打破了时间和空间的限制，还能利用多媒体和互动技术，提升教育的趣味性和参与度。网络育人还为学生提供了个性化的学习支持和多样化的教育资源，满足了学生不同阶段成长和发展的需要。通过这种方式，网络育人有效地促进了思想政治工作的现代化和创新发展，为高校培养德智体美劳全面发展的社会主义建设者和接班人提供了坚实保障。

（二）高校网络育人的基本内涵

高校网络育人是现代信息科学技术发展背景下高校思想政治教育的创新。作为传统育人模式的有益补充和延伸，高校网络育人不仅拓宽了育人渠道，还了育人效果，为全面推进素质教育提供了新的路径。从早期"网络"与"育人"的单独使用，到"网络"与"育人"的结合使用，再到"网络育人"作为特有范畴的不断发展，新时代网络育人的内涵和外延都在不断拓展。

1. 高校网络育人的概念

网络育人作为推动思想政治工作质量提升的关键育人体系之一，是一项兼具整体性、综合性和系统性的重要工程。高校要避免仅仅将其局限于借助网络平台或在网络空间进行的育人活动，更不应将其简单地理解为仅限于传授与网络直接相关的知识的技能。网络育人应涵盖更广泛的内涵，包括但不限于利用网络平台和资源，创新育人方式，拓宽育人渠道，以实现全方位的育人目标。2000年，刘梅的《思想政治教育的现代方式——论网络思想政治教育建设》在学术期刊上刊出，拉开了网络思想政治教育理论研究的序幕。

随着现代信息技术的迅猛发展，网络已深度融入社会各个领域，其中与教育的紧密融合催生了网络育人这一新颖的教育模式。[1] 对于网络育人的理解，因人而异，各具见解。本书认为，高校网络育人

---

[1] 杨晓慧. 高等教育"三全育人"：理论意蕴、现实难题与实践路径[J]. 中国高等教育，2018(18)：4-8.

是高校及其相关组织为实现教育目标，运用信息技术、文化资源和网络平台，有目的地影响受众思想行为的实践活动。这是网络时代下的新育人形态，不仅继承传统育人方式，更在此基础上创新发展。高校网络育人推动了教育变革，适应了网络化发展，体现了全员、全过程、全方位的育人理念，让全环境育人成为现实。

2. 高校网络育人的特征

推进网络育人工作，需要全面了解其特征，这有助于深化对网络育人本质的理解，提升其实效。第一，育人主体的平等性是网络育人区别于传统育人方式的重要特性。在虚拟网络空间，网络育人主客体所依托的信息平台地位平等，享有平等的网络信息获取权，能促进彼此间平等的互动与交往，能构建出更加开放、自由的育人环境。第二，育人过程的交互性也是网络育人的一个重要特征。通过在线讨论、实时互动和多媒体教学，师生之间的互动性得以增强，学生的参与感和主动性得到有效提升，教育效果更加显著。第三，与传统育人方式相比，网络育人还具有育人空间的开放性和育人内容的选择性等特点。网络平台打破了时间与空间的限制，让教育活动能够随时随地展开，不再受传统的时间和地点限制。学生们不再是被动的知识接收者，他们能够根据个人的兴趣和需求去选择学习内容，并且在其中积极地进行沟通和深入探索。人工智能时代，教育理念的转变和智能工具的应用将共同驱动育人方式加速创新，育人工具也随之日益多元化、智能化。[1] 同时，在网络育人的推进过程中，通过复制、分享

---

[1] 康喜彬. ChatGPT 快速普及对传统教育的挑战及其应对[J]. 产业与科技论坛，2024，23(6)：40-44.

等便捷功能，就能够实现育人资源的高效共享。这一变革打破了传统教育模式对资源获取的局限，极大地拓展了教育资源的边界。优质教育资源可以被广泛共享，使得更多的学生能够享受到高质量的教育服务。

3. 高校网络育人的内容

网络育人的内容是网络育人的基本构成要素，表现出多样性和复杂性。网络育人包含了网络共识的凝聚、网络理想信念的教育、网络核心价值的引领、网络爱国情怀的培养，以及网络道德情操的熏陶等丰富内容。[1] 这些内容不仅涵盖了思想政治教育的各个方面，还发挥了网络平台的独特优势，使教育内容更加生动、具体和易于接受。如网络共识的凝聚，通过弘扬社会主义核心价值观，宣传党和国家的重大方针政策，增强学生的政治认同感和社会责任感；网络理想信念的教育，通过各种网络课程、专题讲座和互动论坛，引导学生树立远大理想和坚定信念；网络核心价值的引领，利用多种媒体形式，生动展示社会主义核心价值观的内涵和现实意义，使学生接受熏陶和教育；等等。

这些丰富多元的育人内容，彼此间存在着深刻的内在联系和独特的结合方式，它们相互交织、相辅相成，共同构建起了一个有机统一的网络育人内容结构。不同的内容结构，不仅可以相互补充和强化，还可以根据教育目标的不同，形成具有针对性的育人方案。不同的网络育人内容结构，产生的教育功能与效果也会有所不同。网络育人的内容设计和实施，不仅需要教育工作者的精心策划和有效组织，还需

---

[1] 朱诚蕾. 网络育人论[M]. 武汉：武汉大学出版社，2022：96.

要充分利用现代信息技术和网络平台的优势，使教育内容更加贴近学生的实际需求和生活现实，真正实现全方位、多层次、立体化的育人目标。

（三）高校网络育人的本质特征

事物的核心特性，即其根本性质，是事物与生俱来的、固有的内在属性。我们通常是通过外在的表现，也就是现象，来感知事物的本质。透过现象去洞察其背后的本质，是科学研究的一个基本目标。在网络育人领域中，探究其本质既是一个理论层面的基本问题，也是一个具有实际应用价值的问题。在网络育人的实践过程中，深入理解并把握其本质特征，对于网络育人的理论探索具有深远的意义。

1. 网络特性鲜明

网络育人不是以网络技术、网络平台为主要工具的教育方式，也不是网络与教育在表层意义上的叠加，而是新时代背景下二者深度融合、相得益彰的全新的育人形态。随着云计算、大数据、移动互联网的蓬勃发展，以互联网技术为代表的生产力持续进步，这不仅为人们的交往模式带来了变革，也深刻影响了人们相互依存和日常生活的方式。这种变革同样在网络育人的过程中体现得淋漓尽致，革新了双方在网络教育环境中交流与互动的方式。在以网络为中介和场域的网络育人过程中，主客体之间的关联不仅依赖网络这一桥梁实现双方的连接，更通过网络这一媒介产生相互影响。原本的直接交往模式已经转变为一种更为间接的"主体—网络—客体"的交往方式，其中网络扮演着不可或缺的中介角色。因此，能否利用网络这一中介来主动开展网络育人，就成为网络育人主客体能否发生作用的前提。互联网的崛起为育人工作带来了前所未有的机遇，但同时也对意识形态、网络行为素养等方面提出了新的挑战。为了应对这些挑战，高校必须在网络空间中积极发挥育人功能，确保受众的信息素养和道德水平与社会发展的需求相匹配。这种努力不仅是提升网络育人的内在动力，更是推动其持续向前发展的关键所在。

2. 思想载体融通

网络育人是新时代育人思想与实践的创新和发展，也是互联网发展带来的育人方式的进步。随着数字技术、网络技术、云计算技术等信息技术的飞速发展，以及智能手机微处理器性能的大幅提升，互联网媒介的形态日新月异，为网络育人提供了持续的创新动力。在新时代背景下，网络育人必须紧密贴近广大网民的思想动态，发挥正向引导作用。为此，高校要正确把握互联网时代的新特征和积极适应互联网时代的新趋势，不断探索新方法、新载体，实现互联网与传统媒体的有机融合，与时俱进，推动网络育人理念和载体的创新。这一理念需要贯穿价值引领的全过程，确保网络育人的有效性和时代性。网络育人作为一种教育新模式，致力于打造一个网络化、数字化、个性化的终身教育体系。这种体系有效顺应了教育的平等化、全民化和终身化趋势，有助于进一步推动构建人人有学习机会、处处是学习场所、时时可获取知识的学习型社会。

3. 师生教学相长

网络新媒体区别于传统媒体的一个特性在于双向互动性，高校育人活动的主体与客体都置身于网络的互动空间之中，这是其他媒体无可比拟的优势。[1] 网络育人不仅丰富了信息获取与交流的手段，同时也为人们提供了一个基于平等原则的思想交流与相互启迪的平台，使得这种沟通与转化变得更为可行和便捷。在网络育人实践中，主体致力于对客体进行网络思想与行为的引导。此过程涵盖了从一对一、一对多到多对多等多种交互模式，旨在实现全面、多维度的深度互动。在网络育人的推进过程中，传统教育主客体间的明确界限和依附关系被逐渐淡化，双方角色界限模糊，角色转换频繁，体现了人的主体性的充分提升。教育客体从原先的跟随、被动接受状态转变为积极参与、见证甚至在某些情境下成为主导力量，教育主客体间的平等性愈发凸显。值得关注的是，网络育人作为一个互动与互育彼此推动、教与学双向发展的过程，互动是这一过程中不可或缺的手段，它确保了网络育人的顺利展开；互育则代表了网络育人的价值追求和理想状态，是教育效果的最终体现。这两者紧密相连，互为促进，共同推动着网络育人的深入发展。

二、高校网络育人的价值意蕴

互联网的崛起为教育领域带来了颠覆性的变革。在这一背景下，网络育人应运而生，它是网络技术与思想政治教育深度融合的结晶，是一种全新的教育形态。网络育人因网络的普及而诞生，又因网络的持续进步而不断壮大。它打破了传统教育的时空限制，为学习者提供了更为广阔的学习空间和更为灵活的学习方式，推动了教育模式的创

---

[1]　王亚奇. 高校网络育人方法研究[D]. 武汉：武汉大学，2018.

新与发展。网络育人无疑是网络技术进步的产物，它代表了教育领域的崭新形态，开辟了思政工作的新途径，并成为高校坚守立德树人初心使命的重要课题。

（一）网络育人是高校思想政治教育的重要部分

网络打开了人类认识世界的新视野，持续地影响人们的思维方式。借助网络进行思想政治教育，高校能有效追踪网络舆情，精准把握大学生的思想脉搏，进而提升他们辨识和运用网络信息的能力。高校网络舆情主要指大学生通过网络平台如论坛、微博、微信等，针对他们关心的社会现象、问题及校园生活发表意见和评论，这些意见和评论带有特定的倾向性。作为高校洞察学生思想动态的窗口，高校网络舆情已成为现代网络思政教育和传统思政教育的重要研究内容。网络育人在此过程中扮演了关键角色，协助高校实时把握网络舆情，建立理性、包容、畅通的对话交流机制，引导学生以合理方式表达诉求。这里说的对话机制，即网络育人工作者要注重运用大学生喜闻乐见的话语体系与其进行平等对话、频繁互动，从"独白式教育"转向"对话式教育"。[1]

同时，网络上的海量信息为学生提供了丰富的学习和研究资源，拓宽了他们全面认识世界的视角。网络教育有助于提升学生的网络运用能力，加强网络信息对其发展的积极影响，并引导他们形成清晰的信息意识和正确的信息观念。这样，他们能够更加理性地认识和分析

---

[1] 秦慧，孙玲玲. 高校网络育人质量提升的重大意义、现实困境与路径选择[J]. 西部素质教育，2022，8（14）：23-26.

各种社会矛盾和问题，进而增强社会责任感。这正是高校思想政治教育的核心任务之一。因此，网络育人是高校思想政治教育中不可或缺的一环。

（二）网络育人是高校传统育人方式的创新发展

传统育人模式通常局限于特定的空间和时间，教育者通过既定的教学内容和资源对受教者施加影响。尽管这种模式有其合理性，但随着时代的变迁，它难以全面满足受教者的多元化需求。网络育人作为新兴的教育模式，有效地弥补了传统育人模式的不足，通过创新发展，为传统育人注入了活力。

与传统育人方式相比，网络育人的创新之处主要体现在其不受时空的限制，以及教学内容和资源的丰富多样性。一方面，网络育人能够突破空间限制，展现出在教学手段、资源共享、信息获取和交互等方面的优势，这既有利于学生进行自我学习、自我发展，也有利于其高效迅速地选择适合自己的学习方法和策略。[1] 网络所具有的开放性和便捷性，使教育能发挥作用的时间越来越多、空间越来越广，时效性不断提升。传统育人方式局限于课堂，而网络育人方式不局限于课堂，教育者随时随地都可以对教育对象进行教育。另一方面，网络育人丰富了高校思想政治教育的内容和素材。网络中的多种资源都可以成为教育的素材，这极大地丰富了思想政治教育的内容。

---

[1]　寿云蕾，徐达.“微时代”下高校新媒体网络育人平台的诊析与管理模式研究[J].文化创新比较研究，2019，3(35)：72-74.

（三）网络育人是高校网络思想政治教育的充分表达

网络思想政治教育并不是简单地将传统思想政治教育"嫁接"或"移植"到网络平台上，而是把握互联网这一重要环境和场域，了解其工具性、交互性、整体性、开放性等特点，使互联网与思想政治教育产生深度融合。无论是传统的思想政治教育还是网络思想政治教育，其根本都要聚焦"人"这一主体对象，都是以教育人、引导人为出发点的。网络育人更多地强调将思想政治教育的传统优势融入网络精神家园的建设，着眼于新的现实形势和网络技术，整体把握青年学生群体的特征以及他们的内在需求。网络育人立足于现实中的有效工作实践，一方面充分了解网络舆情，掌握网络技术，整合教育资源；另一方面搭建完善的教育平台，提供优质网络文化，在守正创新中构建完整的网络思想政治教育体系，探索有效的育人途径。

网络育人将思想政治教育的原理内涵与网络技术、互联网思维进行深度结合，使人们在潜移默化中逐渐形成符合个人成长、符合社会发展的思想和行为。网络育人的发展不是一蹴而就的，而是在思想政治教育推进与网络技术发展的过程中逐渐发展成形的，反映了教育现代化和互联网思维影响下育人的需要。网络育人不仅体现了新时代高校网络思想政治教育的核心功能，还是"三全育人"工程推进中的要素与发力点，更是在互联网环境中"三全育人"理念的具体实践与展现。在探索网络育人的过程中，既要总结和反思线下思想政治教育的实践经验，也要在理论与实践的结合中不断探索与开拓创新。

三、高校网络育人的时代目标

高校网络育人有很多具体目标，比如提升专业素养、丰富业余生活、培养互联网思维等，也有很多具体的实践活动，比如社会实践、创新创业、视频慕课（MOOC）等，本书将其归总为立德树人、培养德智体美劳全面发展的社会主义建设者和接班人、培养担当民族复兴大任的时代新人等三大根本目标。而如何实现网络育人目标，需要牢牢把握时代脉搏，响应时代要求。

（一）紧密依托信息技术

在网络育人的过程中，必须时刻牢记其三大根本目标。为了达成目标，高校需要充分利用移动互联网、智能互联网、大数据和云计算等现代科技手段，对网络育人环境进行全面审视和优化。这不仅包括对高校学生的行为模式进行细致分析，还要不断更新和调整教育内容和方法，以适应快速变化的技术背景和学生需求。高校网络育人工作者应具备大数据思维，增强对大数据的认识、开发、推广和利用能力；需要熟练运用大数据来佐证育人目标的达成，并通过复核育人效果来不断改进育人策略，确保育人工作的精准性和有效性。

网络技术应当被高效、精准地用于思想政治工作，包括信息的传播、交流平台的搭建、数据的收集与分析。高校应充分利用信息技术的高效性和便捷性，实现育人资源的快速传播和共享，提高网络育人工作的实效性。通过建立高效的网络平台，教师和学生能够方便地获取育人资源，从而推进网络育人工作的纵深发展。同时，网络空间的治理也至关重要。高校要提高用网治网的水平，确保网络环境的清朗和健康，防止不良信息的传播，特别是对虚假信息、不良言论等内容要进行监控和清理。此外，构建一个安全、健康的在线学习生活网络空间，为学生提供良好的网络学习环境，是保障教育质量和学生身心健康发展的重要前提。这不仅能增强网络育人的效果，还能确保青年学生在网络环境中的安全和健康，为学生的全面发展提供有力支持。

（二）符合青年学生的时代特征

每一代人都有独特的成长环境，由于成长过程中的际遇不同，每一代人都有其成长特点。高校在面对科技信息化的浪潮时，必须关注当代学生的主体性、独立性特征。置身于科技信息化和经济全球化的时代，青年学生更加关注现实和社会生活，对自我的认知趋于明确，对自身精神和物质的追求也较为清晰。学生通过互联网扩大了对世界的认知，拓宽了视野，活跃了思维。因此，高校在进行网络育人时，需要利用现代科技手段，满足学生的这些需求，促进他们在科技信息化时代的全面发展。

高校还需要关注当代青年学生的易变性和随意性。在互联网时代，网络交流易变性强，且常常较为随意，这在一定程度上使得青年学生容易对事物产生兴趣，但也使他们很难进一步获得系统和深入的认识与思考。由于对事物缺乏深入思考，青年学生容易受到他人影响，出现迷茫和动摇的状况，对事物的看法也更加随意。高校在网络育人过程中，需特别注意这些特点，通过构建系统化、立体化的深度育人体系，引导学生形成独立思考能力和正确的价值观，从而确保高校网络育人的质量和效果。

（三）顺应思想政治教育的时代要求

在网络时代，"互联网+"已经与各行各业深度融合，人们需要从不同角度进行新的审视和思考。作为网络时代的产物之一，高校网络育人必须反映出思想政治教育的时代特征，提升思想政治教育的亲和力和吸引力。网络的便捷性为育人资源的选择、加工，以及教育者与学生的互动提供了积极的帮助，同时也改变了传统的授课方式，使青年学生有了更多的参与感。在这个过程中，学生不仅可以更便捷畅通地与育人工作者沟通，还可以通过互联网的信息平台进行交流和学习，甚至在某些情况下，学生也可以扮演育人者的角色。这种变化不仅增加了教育的互动性，还增强了学生对教育内容的理解和认同。

由于网络已经成为日常生活的一部分，在思想政治教育过程中，网络育人的渗透性和融合性得到了显著增强。这种变化有利于满足学生在思想、政治、道德以及心理等多方面的需求，促进学生思想政治教育获得感的生成。新时代的网络育人工作可以充分利用现代科技手段，提供更加个性化和多样化的育人内容，在更广泛的范围内接触和影响学生，使思想政治教育更加生动、具体和贴近学生的生活实际。这不仅有助于学生形成正确的世界观、人生观和价值观，还能够帮助他们在快速变化的社会中保持清醒与独立。同时，育人工作者能够利用网络技术，及时了解学生的思想动态，进行针对性的指导和帮助，使学生在思想政治教育中真正受益。

第 二 节

高校网络育人的研究综述

传统的教育模式在引导学生思想和价值观塑造等方面发挥了重要作用，但单一的讲授方式、缺乏互动性和灵活性等问题，导致其已难以满足现代学生的需求。近年来，随着社会的快速发展和信息技术的广泛应用，高校思想政治教育面临着前所未有的机遇和挑战。为适应新时代的要求，高校思想政治教育需要在继承传统优势的基础上，积极创新教育理念和方法，提升教育的针对性和实效性。对此，国内外学者做了一系列相关的研究。

一、国内文献综述

网络育人作为"十大"育人体系的重要组成部分，承担着传播主旋律、弘扬正能量的重要使命。[1] 国内学者不断探索网络在高校育人中的功能定位，经历了以网络为背景、利用网络进行文化陶冶、以网络为载体、网络赋能育人全过程等逐步深化的认知阶段。

---

[1] 丰硕. 提升高校网络育人成效的路径研究[J]. 学校党建与思想教育，2021（2）：73-74.

（一）网络环境与高校育人

在高校网络育人的研究初期，学者对于网络育人的思考，多聚焦于网络环境下网络发展对受教育者的影响。此时网络作为影响因素被加以分析，如周怀生[1]和姬海鹏[2]从宏观层面探索网络条件下高校育人的新思路。也有学者将网络条件下育人体系的研究与具体课程相结合，如刘玉红等人[3]和顾京军[4]侧重在网络背景下探索思想政治课的教学改革以及德育的实施。值得一提的是，张淑锵等人[5]从理论研究的视角系统地阐述了高校校园网络文明环境的内涵、结构与特征，使得该研究方向更加理论化。

（二）网络文化与高校育人

网络文化研究即将网络文化视为随着互联网和电子信息发展而出现的一种新型亚文化，将网络视为文化氛围并与高校育人整体相结合

───────────────

　　[1]　周怀生. 辩证分析网络文明及高校育人新思路[J]. 科技进步与对策，2002(10)：171-172.
　　[2]　姬海鹏. 关于网络环境下高校育人工作的几点思考[J]. 理论导刊，2003(4)：62-63.
　　[3]　刘玉红，陈志伟. 网络条件下高校思想品德课全过程育人体系的构建[J]. 辽宁教育研究，2003(7)：95-96.
　　[4]　顾京军. 高校网络思想政治教育的育人功能[J]. 江苏社会科学，2009(S1)：141-143.
　　[5]　张淑锵，杨国富，王玉芝. 高校校园网络文明环境的内涵、结构与特征[J]. 学校党建与思想教育，2010(10)：10-12.

的研究，经历了由局部到整体的研究趋势。初期众多学者如罗昌勤[1]、陈涛[2]、苏李[3]等人仅注重网络文化对高校育人的文化陶冶。随着研究的深入以及新时代概念的萌生，研究视野也随之开阔。郭治鹏[4]开始从时代发展的研究视角探索新时代高校网络文化育人。李凯等人[5]从维护意识形态话语权的角度提出必须落实网络文化阵地管理责任，推进协同育人的校园网络文化平台建设，促进三位一体网络文化育人模式创新。林胜华[6]从价值归向的角度指出高校网络文化是一种新型的校园文化形式，通过网络技术与校园文化相结合，创新了校园文化的内涵和表现形式，丰富了校内师生的精神世界。这些研究都从整体上将网络文化与高校育人相结合，从而对高校网络育人进行探。

除此之外，学者对高校网络文化育人的具体研究更为丰富。首先，有学者结合实践进行应用研究，一方面与高等教育体系内的课程

[1] 罗昌勤. 高校网络文化的选择与服务育人的实现途径[J]. 教育与职业，2007(29)：172-173.

[2] 陈涛，潘伟国，穆玉兵. 高校校园网络文化的育人功能及实现形式[J]. 学校党建与思想教育，2011(31)：85-86.

[3] 苏李. 优化网络文化建设 推动高校育人实践[J]. 中国高等教育，2017(21)：56-58.

[4] 郭治鹏. 高校网络文化育人功能与管理研究：评《高校网络文化研究》[J]. 科技管理研究，2020，40(16)：271.

[5] 李凯，刘贵占. 新时代高校网络文化育人的探索与实践[J]. 思想理论教育导刊，2019(11)：144-147.

[6] 林胜华. 高校网络文化育人路径探索：评《高校网络文化研究》[J]. 中国高校科技，2022(Z1)：140.

紧密结合，如蒋广学等人[1]将网络文化育人与德育相结合；王明生等人[2]则论及高校网络化的育人功能。另一方面与网络文化下的网络技术紧密结合，如畅军亮[3]针对大学生高频率使用短视频 App 的生活样态，探究出短视频推动高校网络文化育人的特点及其引导策略；隋文馨等人[4]在育人形式的变与育人内核的不变中积极探索网络文化育人的方式方法，以"短视频+思政"跨界和"短视频+主导价值观念"融合方式破解短视频在网络文化育人中的价值困境，提出应发挥短视频在高校思政教育、文化引领和价值塑造中的正向引导作用。其次，有学者在不同视阈下进行高校网络育人与其他理论的复合研究。王志强[5]在社会主义核心价值观引领下研究高校网络文化育人；高苏放[6]在融媒体视阈下研究高校网络文化育人；张元[7]则从网络文化育人困境出发，研究网络文化育人与协同教化机制的相关内容。最后，有学者将网络文化的具体功能细化，针对诸如网络信息服务、

[1]　蒋广学，张勇，周航，等．立足校园网络文化建设 创新网络思政教育模式：北京大学青年研究中心赴鄂粤高校调研报告[J]．学校党建与思想教育，2013(7)：71-73.

[2]　王明生，王叶菲．发挥高校网络文化育人功能[J]．中国高等教育，2017(Z2)：10-12.

[3]　畅军亮．短视频 App 推动高校网络文化育人的特点及其引导策略[J]．思想理论教育，2019(4)：81-84.

[4]　隋文馨，秦燕，黎红友．跨界与融合：短视频时代高校网络文化育人的价值困境与路径探析[J]．四川师范大学学报(社会科学版)，2021，48(2)：112-118.

[5]　王志强．用社会主义核心价值观引领高校网络文化育人[J]．中国高等教育，2014(21)：29-30.

[6]　高芳放．融媒体视阈下高校网络文化育人研究[J]．学校党建与思想教育，2017(24)：58-59.

[7]　张元．新时代高校"规训"式网络文化育人困境与协同教化机制研究[J]．当代青年研究，2019(4)：43-48.

网络内容建设等具体功能展开研究。傅春长等人[1]从高校网络信息服务文化的育人功能出发，探究其功能的强化策略；范锋[2]提出应通过加强内容建设来提升高校网络文化育人质量；邱海燕[3]将网络视为载体，对其在高校育人中的实效性展开研究。

（三）网络赋能高校育人全过程

高校网络育人经历了在网络发展的环境下育人、在网络文化的陶冶下育人的阶段后，进入了网络赋能高校育人全过程的深化阶段。蒋广学等人[4]对高校网络育人工作展开的系统思考与实践探索表明，学界对高校网络育人的理解已经深化，网络应赋能高校育人的全过程。

随着学界对高校网络育人的探讨更加细致，对高校网络育人的落地更加关注，更多的研究开始致力于梳理高校网络育人实施困境，探索高校网络育人切实可行的路径。首先，在理论研究中，学者借助其他理论探讨高校网络育人的可行性。徐世甫[5]从主体间性理念出发，提出应建设集成化、立体化的网络平台，从而提高网络育人的实效

[1] 傅春长，冯春杏，郝广龙. 高校网络信息服务文化育人功能的强化[J]. 教育理论与实践，2017，37(6)：15-17.

[2] 范锋. 加强内容建设提升高校网络文化育人质量[J]. 中国高等教育，2018(23)：21-23.

[3] 邱海燕. 对网络载体在高校校园生活运用中育人实效性的思考[J]. 湖北社会科学，2011(11)：190-192.

[4] 蒋广学，张勇，徐鹏. 高校网络育人工作的系统思考与实践探索[J]. 思想理论教育导刊，2014(3)：119-123.

[5] 徐世甫. 网络育人：新时代高校思想政治教育新范式[J]. 中国高等教育，2019(9)：50-52.

性；时影等人[1]在主体间性视角的基础上，又结合数字化时代背景，探讨了高校网络育人的价值生成与实践路径；庞小钦等人[2]将"三全育人"与网络育人相结合，以"三全育人"为指导思想和基本原则，探讨高校网络育人在思政教育中的效用。其次，许多学者分主体多角度地对高校网络育人进行研究分析。吕春燕[3]从办学主体的角度出发，将视角聚焦于民办高校网络育人的不足，进而提出改进路径；徐兴灵[4]以网络新闻为切入点，探索高校思政教育中的育人路径；侯庆敏等人[5]结合抗疫背景，指出高校要从宏观、中观、微观三个层面深刻把握互联网发展大势，着力在增强吸引力、提升针对性、加强专业化三个方面下功夫，抓好"线上学""线上讲""线上做"，提升高校网络育人实效性；杜函芮[6]构建了以学生为中心的高校科研育人网络体系模型，提出了学生从兴趣激发、主体性增强再到自信建立全过程这"一体"，以及科研育人资源网络与师生互动关系这"两翼"，并通过分析"一体两翼"间的互动，研究了高校科研育人网络的运转机制。最后，诸多学者立足实践，从实际问题出发，探讨高校网络育人

［1］ 时影，舒刚. 数字化时代高校网络思政育人的价值生成与实践路径：基于主体间性视角的考察[J]. 国家教育行政学院学报，2022(9)：69-75，95.

［2］ 庞小钦，肖亦敏. "三全育人"视角下高校网络思政教育探讨[J]. 中学政治教学参考，2023(16)：97.

［3］ 吕春燕. 民办高校网络育人工作存在的不足与改进路径[J]. 学校党建与思想教育，2015(12)：76-77.

［4］ 徐兴灵. 网络新闻在高校思政教育中的育人路径构建[J]. 新闻战线，2015(12)：103-104.

［5］ 侯庆敏，宋丹，崔强. 抗疫背景下加强高校网络育人的几点思考[J]. 中国高等教育，2020(17)：30-32.

［6］ 杜函芮. 以学生为中心构建高校科研育人网络的研究[J]. 高教探索，2022(6)：34-39.

问题。杨晓玲[1]指出新时代对高校网络育人工作提出了"落细落小落实"新要求，作为高校立德树人的基础环节和前沿阵地，"院系节点"正是网络育人工程的"最后一公里"，并总结性地提出我国高校网络育人体系建设由"大而全"推进到"细且精"的发展阶段；李羽佳[2]指出高校网络育人应以价值认同为根本，以制度建设为抓手，以协作交流为平台；廖佳[3]指出应从网络育人平台搭建、网络育人资源整合等方面进行高校网络育人创新探索。

二、国外文献综述

国外并没有高校网络育人的概念，相关研究更多的是探究互联网与高等教育的关系。

探究网络发展对高等教育产生的影响是国外研究的主要方向。贝尔（W. S. Baer）[4]、皮廷斯基（M. S. Pittinsky）[5]等人客观地从网络

[1] 杨晓玲. 高校网络育人中"院系节点"建设的探索与思考[J]. 思想理论教育导刊，2020(5)：150-154.

[2] 李羽佳. 教育信息化时代高校网络育人队伍建设研究[J]. 中国高等教育，2020(24)：31-32.

[3] 廖莎. 互联网时代高校网络育人创新探索：评《"五维一体"网络育人新探索》[J]. 中国高校科技，2021(Z1)：142.

[4] BAER W S. Will the Internet Transform Higher Education？[M]. Santa Monica, CA：Rand, 1998.

[5] PITTINSKY M S. The Wired Tower：Perspectives on the Impact of the Internet on Higher Education[M]. NJ：Financial Times Prentice Hall, 2002.

对高等教育整体的影响出发，探讨两者之间的关系。莫蒂瓦拉（L. F. Motiwalla）[1]、奥尔恰科娃（L. G. Orchakova）[2]、谢里特（C. Sherritt）[3]等人基于实践研究网络对高等教育的价值，分析互联网与高等教育结合的前景与问题，探索网络如何赋能高等教育。随着研究的深入，学者对网络作为技术手段赋能高等教育的认识也更为深入，他们的研究开始细致到探索网络技术对高等教育某一环节或某一领域的价值。如博科尼（S. Bocconi）[4]等人分析了网络和移动技术时代的教学、学习和评估，并以此构建高等教育建模混合解决方案；刘易斯（T. Lewis）等人[5]讨论了与技术化大学相关的网络组织概念；多格玛斯（T. Dougiamas）[6]、卡努卡（H. Kanuka）[7]、肖（S. Shaw）[8]等人在探究

　[1]　MOTIWALLA L F，TELLO S F．Distance Learning on the Internet：An Exploratory Study[J]．The Internet and Higher Education，2000，2(1)：253-264.

　[2]　ORCHAKOVA L G，SMIRNOVA Y V．Internet and Higher Education：Prospects，Challenges，Problems[J]．Opción，2020，36(26)：76-93.

　[3]　SHERRITT C，BASOM M．Using the Internet for Higher Education[J]．Adult Education，1997(3).

　[4]　BOCCONI S，GUGLIELMO T．Modelling Blended Solutions for Higher Education：Teaching，Learning，and Assessment in the Network and Mobile Technology Era[J]．Educational Research and Evaluation，2014，20(7-8)：516-535.

　[5]　LEWIS T，MARGINSON S，SNYDER I．The Network University？Technology，Culture and Organisational Complexity in Contemporary Higher Education[J]．Higher Education Quarterly，2005，59(1)：56-75.

　[6]　DOUGIAMAS M，TAYLOR P C．Improving the Effectiveness of Tools for Internet Based Education[C]．Teaching and Learning Forum，2000.

　[7]　KANUKA H．A Principled Approach to Facilitating Distance Education：The Internet，Higher Education and Higher Levels of Learning[J]．Journal of Distance Education，2002，17(2)：70-86.

　[8]　SHAW S，Polovina S．Practical Experiences of and Lessons Learnt from Internet Technologies in Higher Education[J]．Journal of Educational Technology & Society，1999，2(3)：16-24.

网络与高等教育时，更多的是将网络视为工具性手段，不断研究如何正确高效地提高网络在高等教育中的使用价值。

将视线从高等教育聚焦到高校育人，可以发现国外学者对网络如何助力于高校育人的研究更加具体细致，且多为应用研究。一方面，法格斯特罗姆（A. Fagerstrøm）等人[1]从高校育人的各个环节探索网络的价值意义，如在高等教育的招生环节使用网络营销；夸多克斯（K. M. Quardokus）[2]、卡恩（H. U. Khan）等人[3]利用网络技术推动教学变革。另一方面，有学者探究网络在高校育人中对不同主体的作用，乔治娜（D. A. Georgina）等人[4]探究网络对于教师专业发展的作用；凡·威斯（S. Van Waes）等人[5]通过加强网络的手段来研究高等教育教师之间的社交网络干预对他们专业发展的影响。也有学者探究网络

[1] FAGERSTRøM, A, GHINEA G. Co-Creation of Value in Higher Education：Using Social Network Marketing in the Recruitment of Students[J]. Journal of Higher Education Policy and Management, 2013, 35(1)：45-53.

[2] QUARDOKUS K M, CHARLES H. Promoting Instructional Change：Using Social Network Analysis to Understand the Informal Structure of Academic Departments[J]. Higher Education, 2015, 70(3)：315-335.

[3] KHAN H U, AWAN M A. Possible Factors Affecting Internet Addiction：A Case Study of Higher Education Students of Qatar[J]. International Journal of Business Information Systems, 2017, 26(2)：261-276.

[4] GEORGINA D A, MYRNA R. O. Integration of Technology in Higher Education：A Review of Faculty Self. Perceptions [J]. The Internet and Higher Education, 2008, 11(1)：1-8.

[5] VAN WAES S, DEMAEYER S, MOOLENAAR N M, et al. Strengthening Networks：A Social Network Intervention among Higher Education Teachers[J]. Learning and Instruction, 2018, 53(1)：34-49.

对于受教育者的育人赋能效果。布顿（E. Bouton）等人[1]将学生、网络技术与高等教育中的学习三者相联结，探究协作知识建设的远景与知识共享的现实；普特尼克（G. Putnik）等人[2]研究网络在工程教育中如何为学生赋能。

国外对于网络赋能高等教育的研究不仅有宏观层面对两者关系的论述探讨，也有微观层面地对网络赋能高等教育的具体落实路径探讨。更重要的是，国外学者还在理念层面试图研究网络与高等教育伦理的关系，如研究网络对于促进教育公平的作用。米什拉（S. Mishra）[3]将网络视为一种社会因素，探讨其在高等教育中对于"代表性不足的群体"的支持，并建立了研究框架以解释代表性不足群体的网络成员如何在资源提供方面相互帮助，他认为同伴支持和网络决定了学生在高等教育机构的融合和接受度。

[1] BOUTON E, TAL SMADAR B, ASTERHAN C S C. Students, Social Network Technology and Learning in Higher Education: Visions of Collaborative Knowledge Construction vs the Reality of Knowledge Sharing[J]. Internet and Higher Education, 2021(49): 100787.

[2] PUTNIK G, COSTA E, ALVES C, et al. Analysing the Correlation Between Social Network Analysis Measures and Performance of Students in Social Network. based Engineering Education[J]. International Journal of Technology and Design Education, 2016, 26(3): 413-437.

[3] MISHR A S. Social Networks, Social Capital, Social Support and Academic Success in Higher Education: A Systematic Review with a Special Focus on 'Underrepresented' Students[J]. Educational Research Review, 2020, 29(0): 100307.

第 三 节

高校网络育人的主要困境

随着青年成长环境的变化，时代的发展催生了新的育人模式。新时代高校网络育人问题的研究，不仅需要回应现实问题，遵循实事求是的问题发展导向，同时也要把握网络育人理论研究的历史进程以及有关的政策趋势。在我国步入新兴互联网时代的进程中，高校网络育人工作在当前面临着多方面的挑战和困境，这些困境存在于教育实施的层面，包括教育内容的制定、教育效果的评估等多个方面。同时也存在于教育内容、教育平台、社会环境等多个层面。

一、教育实施层面的困境

在当今信息化快速发展的时代，网络技术在教学领域包括思想政治教育中的应用越来越广泛，然而，教师育人队伍在网络技术操作能力方面普遍存在着一定的欠缺。许多教师由于年龄、专业背景、教育经历等方面的因素，对网络技术的掌握程度不够深入，很难有效地利用网络平台对现有工作进行优化和提升。这从一定程度上影响了教师自身的教学水平，也影响了网络育人效果的发挥。

教师育人队伍在网络技术操作能力方面的问题主要表现在以下方面：首先，许多教师对于网络技术的基础知识掌握不够扎实，无法熟练地进行网络资源的搜索、整理和运用；其次，部分教师对于网络教学平台的使用不够熟练，无法充分利用平台的功能进行在线教学、作业布置和学生管理等工作；此外，还有一些教师对于网络技术的更新迭代不够敏感，无法及时跟进新技术的发展和应用。

缺乏有效的评估和反馈机制也是高校网络育人工作亟待解决的问题之一。由于缺乏有效的评估和反馈机制，高校往往无法及时了解学生的学习情况和需求，也无法对网络育人工作进行及时的调整和优化。这导致网络育人的效果无法得到有效的衡量和反馈，也难以发现和解决存在的问题。

二、教育内容层面的困境

网络育人内容缺乏系统性和连贯性，这已成为当前高校网络教育面临的一个重要问题。当前，高校网络育人的内容常常显得零散和碎片化，缺乏整体规划和系统性设计。这导致学生在接受教育的过程中，难以形成完整、系统的知识体系，进而影响其对网络育人内容的深入理解和有效吸收。

高校网络育人的内容缺乏系统性。首先，网络育人内容之间缺乏有机联系，相关资源的转化与呈现趋于碎片化，并未能形成有效的衔接和过渡。这导致学生在学习的过程中，难以将各个知识点串联起来，不利于形成完整的知识网络。其次，高校网络育人的内容往往缺乏层次性和递进性，未能根据不同学生的学习水平和需求，设计不同难度和深度的内容。这使得学生在学习的过程中，难以根据自己的实际情况进行有针对性的学习。

高校网络育人的内容还常常缺乏连贯性。这主要体现在两个方面。一方面，网络育人的内容往往缺乏连贯的主题和线索，学生在学习过程中难以把握整体的学习方向和重点。另一方面，由于网络育人的形式灵活多样，不同的育人活动和育人作品之间缺乏统一的规划和协调，学生在参与的过程中难以形成连贯的学习体验。

除了系统性和连贯性方面的问题，高校网络育人的内容还常常过于理论化，缺乏实践性和针对性。当前，许多网络育人内容过于注重意识形态方面的思想传授，而忽略了实践环节的设计。这使得学生在学习的过程中，虽然掌握了一定的理论知识，但难以将其融入实际生活。同时，由于缺乏实践环节，学生也难以形成对理论知识的深刻理解和有效运用。

网络育人内容缺乏创新，方式教条化、形式单一化，这也是当前高校网络育人工作面临的一个重要问题。由于缺乏对网络技术特点和优势的深入理解，许多高校在网络育人的内容设计上往往缺乏新意，无法充分调动学生的学习兴趣。同时，育人方式过于教条化，缺乏灵活性和创新性，无法适应不同学生的各类需求。这导致学生在网络育人的过程中缺乏参与感和体验感，难以达到预期的教育效果。

此外，高校网络育人的内容还缺乏针对性。不同学生的学习背景、兴趣爱好和个性特点各不相同，因此他们需要接受的教育内容和方式也应有所不同。然而，当前许多高校网络育人的内容并未充分考虑学生的个性化需求，导致教育内容与学生的实际情况脱节。这既无法激发学生的学习兴趣和积极性，也难以满足学生的个性化学习需求。

三、教育平台层面的困境

当前，随着信息技术的迅猛发展，网络育人平台在高校教育中扮演着越来越重要的角色。然而，我们必须正视的是，当前许多高校的网络育人平台在功能设计和用户体验方面仍存在着诸多不足，这在一定程度上影响了学生的学习积极性和学习体验。

网络育人平台在功能设计方面存在明显的短板。许多平台在界面布局、操作逻辑以及交互方式等方面缺乏深入研究和创新，导致用户在使用时会感到不便。比如，有些平台的界面设计过于复杂，导航不够清晰，用户难以快速找到所需功能；有些平台则缺乏必要的用户指导，使得新手用户在使用时感到迷茫。这些问题都严重影响了用户体验，降低了平台的吸引力。

网络育人平台在资源整合方面也显得力不从心。优质的教育资源是提升学生学习效果的关键，然而目前许多高校的网络育人平台往往缺乏对这些资源的有效整合和共享。一方面，平台可能缺乏与校内外优质教育资源的对接机制，导致学生在平台上难以获取到有价值的学习资料；另一方面，平台也可能缺乏对资源的分类和筛选，使得学生在海量的信息中难以找到真正适合自己的学习资源。

四、社会环境层面的困境

在当今这个信息化社会，网络已经成为我们生活中不可或缺的一部分。然而，网络信息良莠不齐，对于学生而言，辨别信息的真伪和价值取向是一项艰巨的任务。由于学生缺乏足够的社会经验和对信息的辨别能力，他们往往在面对海量的网络信息时感到困惑和无助。

网络信息的多样性和复杂性使得学生在获取信息时面临着巨大的挑战。网络上的信息五花八门，既包括有价值的学术资料、新闻资讯、科普知识等，也有各种谣言、虚假广告等不良信息。学生由于缺乏经验和判断力，很难对这些信息进行准确的筛选和鉴别。他们可能会被虚假信息误导，甚至因此产生错误的观点和态度。这不仅会影响他们的学习效果，还可能对他们的心理健康造成负面影响。

网络社交媒体的过度使用也对学生的现实交往能力产生了不良影响。随着智能手机的普及和社交媒体的兴起，学生们越来越倾向于在虚拟世界中进行社交活动。他们通过社交媒体分享生活点滴、交流思想感情，却忽略了现实生活中的交往。这种过度依赖虚拟社交的现象导致学生缺乏现实交往的经验和能力，进而影响到他们的社交能力发展和人际关系的维系。过度使用网络社交媒体可能使学生变得孤僻、内向，不善于与他人进行面对面交流。他们在虚拟世界中习惯了用文字和表情来表达自己的情感和想法，在现实生活中却可能变得手足无措、语无伦次。此外，虚拟社交还可能导致学生缺乏信任感和责任感，因为他们在网络上可以轻易地隐藏自己的真实身份和意图。

第二章

五彩融媒网络育人体系概述

五彩融媒网络育人体系是基于媒介融合和"三全育人"综合改革背景，主动适应媒介融合发展趋势，探索与构建适用于高校的融媒体时代网络育人体系。该体系打破传统校园媒体板块分割运作模式，建立校园网络新媒体矩阵，将专业实训与育人实践相结合，紧扣"红色"主旋律文化主题，依托"蓝色"智慧校园等先进的硬件设施和技术优势，充分利用传媒类专业课程与实训实施课程思政，培养学生"绿色"文明办网用网习惯，提升网络文明素养，依托产教融合平台培育了一批以湖南广播电视台"芒果橙"为代表的、具有鲜明湖湘传媒文化特征的网络育人产品，同时加强网络育人研究，形成了一系列"金色"理论和实践成果，有效提升了融媒体网络育人效能。

第 一 节

五彩融媒网络育人体系的理论基础

党的十八大以来，相关部门陆续出台了一系列旨在指导高校育人实践的政策法规和指导意见，为高校精准把握育人要求、打通"三全育人""最后一公里"提供了科学的指导。网络育人作为"十大"育人体系之一，既是一个重要的实践命题，也是一个重要的理论命题。作为实践命题，它需要有科学理论作出指导；作为理论命题，它需要科学探求网络育人的理论支撑与内部机理，回答"网络为什么能够育人""为什么需要开展网络育人"等基本理论问题。新时代的网络育人工作，尤其强调其在人才培养中的价值引导，想要科学回答这些基本问题，就需要坚持以马克思主义理论为根本指导，学习马克思主义中国化理论成果中关于网络育人的相关论述。具体我们将结合人的本质理论、人的全面发展理论、人的需求理论来进行探讨。

一、人的本质理论

在马克思看来，哲学的目的不是解释世界而是改变世界。他把实践作为其哲学的逻辑基点，立足于现实的人的生活世界，把实践活动看作人的存在方式，关注社会历史的变革以及人的本质的发展进程，从生产实践的视角分析了人的本质。[1] 马克思在批判性地继承前人的基础之上，形成了独特的关于人的本质的理论体系：第一，实践主体性是人之所以为人的根本特质，即人的实践性本质。第二，"人是一切社会关系的总和"是人的社会特质，即社会性本质。第三，人作为自然存在物具有其需要性本质。马克思主义关于人的本质的这三个命题是相互统一的有机整体。[2]

如何科学地认识大学生及其思想，马克思主义关于人的本质的相关论述是其基本的理论依据。国内外学者在关于人的本质这个问题上，形成了不同的观点。一种观点认为人的本质在于人的行为。这种观点认为人就是他所做的一切行为的总和，要研究一个人就必须观察他的行为。另一种观点认为人的本质是生命冲动和精神活动的统一，

---

[1] 张畅. 马克思人的本质思想研究[D]. 长春：吉林大学，2021.

[2] 徐绍刚. 全面理解马克思关于人的本质的思想[J]. 中州学刊，1999（3）：73-76.

这是动物不具备的。[1]现代心理学家对人的本质的理解则主要体现在社会心理学家马斯洛的观点上，他用"类本能"来说明人的本质，认为人的性格、才能等都在人的内部有其生物基础，这个生物基础即"类本能"。[2]

网络育人的根本目标是通过网络提升人认识世界和改造世界的能力，教育的主体和客体都是人，因此，在网络教育中最为基础的是确证人的主体存在。从上述理论看，人的思想的形成与发展变化无时无刻不受到社会关系的制约，这就要求高校思政教育必须建立在社会关系充分发展的基础之上。随着信息技术的高速发展，意识形态领域的挑战日益加大，高校思政教育尤其是网络育人工作必须高度重视并牢牢坚守马克思主义思想阵地。

二、人的全面发展理论

按照马克思主义哲学的观点，人的全面发展主要指人的劳动能力的全面发展、基本需要的全面满足，以及人的个性和社会关系的自由全面发展。[3]人的全面发展观认为人的发展呈现的是新的发展状态，通过消灭片面、不平衡、畸形的发展，从而实现自由、全面的发展。

[1] 吴雪龙，汪先平.揭开人的神秘面纱：透视人的本质[J].陇东学院学报，2014，25(2)：71-73.
[2] 谢新.论马克思的人本主义和唯物史观的关系[D].长沙：中南大学，2012.
[3] 魏彬.基于马克思主义哲学理论的科学发展观探究[J].黑河学刊，2016(1)：4-5.

高校思政教育理念的本质，在于充分适应中国特色社会主义进入新时代后的育人要求，其具体实践要求是促进青年大学生全面、自由、协调地发展。

教育是伴随人类起源自然生发的社会行为。在人类社会的很长一段时间里，教育存在阶级性，更多的是作为统治阶级教化的工具，服务于少数人，没有真正实现惠及人民。在马克思看来，教育既是政治斗争的一些方面，也是经济、社会的部分反映，离不开政治斗争与人民领导的社会革命。这就表明，教育要积极去适应社会发展的需要，努力实现教育促进人的全面发展的本质要求，促进社会的全面良性发展。

我们要根据当今社会经济的特点，结合学校专业以及学生特点，探索马克思主义基本原理内涵，提高育人的实效，增加育人的吸引力和附着力，推进高校思想政治教育理论的整体发展与提升。为此，高校网络育人要运用贴近学生生活实际、符合现代教育教学规律的启发式、互动参与式的方法，以关于人的全面发展的相关理论为指导，在实现思政教育成效中注重学生的全面成长成才。

三、人的需求理论

马克思主义认为，人类的历史活动产生于人类的需要，其中首先要解决吃、喝、住、穿的问题，然后才能有精力去从事其他活动。因此，马克思认为"物质生活的生产方式制约着整个社会生活、政治生活、精神生活的过程"[1]。马斯洛需求层次理论阐明了对所有人类至

---

[1] 黄云明. 论马克思的劳动历史观[J]. 求实，2015（1）：4-9.

关重要的需要：生理、安全、爱与归属感、尊重和自我实现。[1] 他指出，人类的需求具有鲜明的层次性，未满足的低级需求支配着一个人的思想、行为和存在，直到得到满足。一旦较低的层次需求得到满足，下一层次的需求就浮出水面，在日常生活中被表达或解决；一旦人的基本需求都得到满足，那么人类就倾向于追求更高的自我实现需求。

　　关于人的需求理论，诸多学者提出了不同观点，丰富了其内涵，但是从根本上还是要追溯到马克思主义中人的需求理论。所以，以马克思主义需求理论为出发点来分析接受主体的不同需求，在高校开展网络育人工作过程中扮演着极为重要的角色。马克思主义认为人的需求是人的实践活动的起点和终点，十分有必要从个体需求角度来思考人的历史活动。在这里，需求即个体的欲望，体现为一种主观的态度。除此之外，马克思主义中人的需求理论也认为人类社会能够不间断地向前发展，往往源于人们对需求的向往与追求。但是人的需求具有差异性，不同的主体的需求是不同的，同一个体在不同阶段的需求也不同。因此，只有从根本上把握马克思主义关于人的需求理论的主要内容，才能更好地从大学生的实际情况出发，有针对性地优化高校网络育人体系。

　　网络育人是在现代互联网技术不断发展的背景下提出的，是高校网络思想政治教育在新时代集中的功能体现。[2] 据中国互联网络信息中心发布的第 53 次《中国互联网络发展状况统计报告》统计，截至

---

　　[1]　祝奇，苟琳. 马斯洛需求理论下的高校网络思政教育研究[J]. 科教文汇，2022(18)：36-39.

　　[2]　徐瑶. 新时代高校网络思想政治教育环境建构研究[D]. 成都：电子科技大学，2022.

2023 年 12 月，中国网民数量达到约 10.92 亿人，互联网普及率达77.5%。[1] 其中，我国青年网民的比例较大，当代大学生受互联网的影响突出。在人的需求理论的指导下，做好高校网络育人工作，要遵循学生成长规律和思想政治教育规律，在全面研究学生各层次需求的基础上，与时俱进，致力于实现学生的全面发展。

第 二 节

五彩融媒网络育人体系的要素

近年来，中共中央、国务院印发了《关于加强和改进新形势下高校思想政治工作的意见》《关于新时代加强和改进思想政治工作的意见》等文件，强调要优化思政教育内容供给，改进思政教育工作方法，创新思政教育工作载体，促使高校思想政治工作者充分发挥网络传播优势，不断完善和优化网络育人路径。党的二十大报告指出："加强全媒体传播体系建设，塑造主流舆论新格局。"[2] 在数智时代，网络是大学生学习、生活的重要载体，也是大学生成长环境的重要组成部分。随着信息传播速度的巨大提升，大学生的价值观念、思维方式、

---

[1] 第 53 次《中国互联网络发展状况统计报告》发布[J]. 传媒论坛，2024，7(6)：120.

[2] 习近平. 高举中国特色社会主义伟大旗帜 为全面建设社会主义现代化国家而团结奋斗：在中国共产党第二十次全国代表大会上的报告（2022 年 10 月16 日）[M]. 北京：人民出版社，2022：44.

行为习惯等更容易受到外部环境的影响。高校要在全面研究融媒体传播模式的基础上，深入把握大学生思想动态，在实践中创新开展网络思政育人工作。五彩融媒育人体系主动适应媒介融合发展趋势，探索与构建适用于高校的融媒体时代网络育人新路径。

一、五彩融媒网络育人体系的目标使命

当前，网络社会的持续发展和不断演进在重塑人类经济、政治、文化和社会生活方式，同时冲击和改变着高校既有的育人模式。立德树人是高校开展教育教学工作的核心追求，它要求我们紧跟时代的步伐，放眼未来，敏锐地把握社会发展的趋势和适应育人环境的变迁。五彩融媒网络育人体系正是对这一要求的积极响应，它根据新时代的特点和青年学生的需求，通过整合网络舆情管理、网络文化建设以及网络素养教育等多种手段，形成了一个特色鲜明的高校网络育人模式。这一体系不仅体现了鲜明的时代特征，也恪守着思政工作的核心价值，既是对实践探索的深化，也是对理论创新的总结，是高校大学生思想政治教育工作的创新发展过程中的又一生动实践。

（一）普及前沿技术，提高信息素养

在信息爆炸的时代，人类的认知面临着巨大挑战，主要体现在信息过载和真伪辨别困难上。Web 2.0 时代，用户能直接参与内容生产，这导致了广泛的信息过载。网络的开放性和共享性使得人们能够更容易地获取和分享信息，各种不良网络信息频频出现在网络世界

中。因此，如何提升学生的信息获取和辨别能力，让他们能够在网络世界中有效地检索、筛选和辨别信息，以便使其更好地应对无用信息、虚假信息和不良价值观的挑战，这是高校网络育人过程中亟待解决的问题。

信息素养不仅涉及信息的检索、筛选和评估能力，还包括对信息的伦理和法律层面的理解。通过整合信息素养教育到网络育人工作中，可系统地教授学生识别、评估和利用各种信息资源，尤其是从众多信息源中甄别其准确性和可信度，以及学习不同类型信息的特性。同时，利用各类多媒体平台，可以使学生熟悉并评估不同媒介的信息表达方式，这对于培养他们在复杂信息环境中进行有效沟通和信息管理的能力至关重要。学生在网络育人实践中锻炼信息处理能力，学习和遵守网络空间的法律法规，这种方式不仅提升了学生的技能，还强化了他们在真实世界中应对信息过载的能力。值得关注的是，网络安全和信息伦理教育在网络育人过程中也是不可或缺的重要环节，大数据时代用学生喜闻乐见的方式，结合前沿数字技术的网络育人作品，能够沉浸式教会学生全面保护个人版权和隐私权等。

（二）强化个体定位，投身社会发展

互联网为"社会小人物"提供了一条通往"世界大舞台"的便捷通道，使网络社会中的个体能够向公众自由地表达自己的各种观点与想法。网络让各行各业、拥有不同专长的人在此汇聚，互通有无，高效推动了各个领域繁杂工作的有效解决。通过这种方式，集体智慧被充分激发和利用，有利于大规模协同作业的具体开展。在网络社会中，人际交往的方式已经发生了深刻的变革。互联网重新定义了人们在交往中所看重的吸引力因素，使得社会阶层、职业和性别等现实差异的影响力大幅减弱。同时，网络也打破了人际交往中的身份隔阂和空间限制。高校网络育人要引导学生以辩证的视角来审视信息时代所带来的机会与挑战，帮助其认清自己并确定自己在网络世界中的定位，从而明确信息时代背景下的发展方向，探索提升自我和实现目标的可能路径与可行方案。

在融媒体时代，网络育人工作不仅仅是传授知识，更重要的是引导学生在充分利用信息技术的基础上进行自我反思，深入理解并体验社会主义核心价值观如何在我们的日常生活中得到实践和应用，理解自己的行为如何影响社会，以及如何在充满挑战的社会环境中认清自己的定位。建立复合型的网络育人环境，提供优秀的大思政课、正面宣传报道、主流价值观、具有启发性的网络育人作品等，充分发挥网络资源的广泛性与互动性，能帮助学生树立正确的思想观念，引导他们深入了解当代社会的发展趋势与挑战，在增强学生的思想自觉和价值观念的同时，帮助他们明确自己在信息时代的角色和职责，进而积极地参与社会主义现代化建设的生动实践。

（三）助力人格塑造，延伸真实自我

网络育人作为现代信息技术与传统思想政治教育结合的产物，在高校学生人格塑造中发挥着至关重要的作用。通过网络平台的广泛应用，高校能够传递一系列正确的世界观、人生观、价值观，从而对学生的思想道德建设产生深远影响。高校通过提供多样化的教育资源和互动形式，加强教育的实时性和互动性，使学生在接受信息的同时，也能够通过讨论、反思和实践等多种方式，加深对这些价值观的理解

和内化，从而引导学生避免受到网络世界可能产生的负面影响，形成健康的自我人格与认知。

随着网络的广泛普及与深入发展，网络社会逐渐呈现出独特的形态。然而，值得注意的是，网络社会并非现实社会的直接映射。由于网络身份的虚拟性和匿名性，个体可能会摆脱现实社会中的价值规范与行为准则，无视"文明人"应有的行为标准，在网络空间中随心所欲地表达观点并做出行为选择，从而导致其在网络世界中展现出与现实中截然不同的多重自我与分裂人格。网络育人为学生提供了一个全面发展的平台，使他们能够在信息时代中成长为具备良好道德修养和社会责任感的现代公民。因此，为更有效地对高校学生进行思想政治教育和人格塑造，我们应开展适当的引导和示范，使青年学生掌握并遵守网络社会的基本行为准则，进而养成优秀的网络行为习惯。同时，我们还需激励他们在虚拟网络环境中秉持慎独的原则，以确保其健康真实的个体形象、自我意识及人格特质能够从现实生活延续到网络世界。

（四）鼓励师生参与，实现趋势引领

网络育人体系应充分利用数字技术的互动性，设计富有吸引力和参与度的育人内容和活动，将主流价值观的相关理论和实践生动地呈现给学生。这不仅可以提高学生参与学习的灵活性，还能够让学生在实时互动中提出问题、表达观点，增强对主流价值观的理解和认同。同时，鼓励学生参与网络育人内容的创造，如设计图文、制作 H5、上传原创视频、发起讨论等，有利于让学生从被动接受知识转变为主动生产知识，还能增强学生对主流价值观的深层次理解。值得关注的是，个性化的学习体验是网络育人体系的重要优势。通过数据分析和智能推荐，教育者可以根据学生的学习行为和偏好，提供定制化的学习路径和资源。此举在满足学生的个性化需求的基础上，激发了学习热情与激情，提高了学习自觉性和主动性，令社会主义核心价值观的教育效果更为显著，影响更为深远。

五彩融媒网络育人体系的关键使命，在于引导学生树立正确的价值观和理性思维，使他们能够全面理解网络发展的优势和弊端，开启智慧人生。在对"00 后"开展技能教育、进行发展指导时，帮助他们树立正确的价值观和形成理性思维是关键。我们应引导青年学生全面理解网络发展的趋势和本质，认清作为信息媒介的网络所具备的特性，以及其背后资本运作的推动力，以便深入了解网络与社会的交融、虚拟世界与现实生活的相互影响，以及个体与他人之间的复杂交互，让青年学生实现从对网络信息的单纯接收到对网络环境的积极适应，进而激发主动创新能力，甚至引导整个网络社会的发展潮流。

二、五彩融媒网络育人体系的构建策略

强化新时期育人工作，需要充分利用网络育人功能，能够因势而动，因势而谋，并顺势而为，全面优化高校整体育人水平，创建全面覆盖的育人体系。五彩融媒网络育人体系在构建过程中，根植立德树人根本任务，聚焦青年大学生的多样化需求，注重普及前沿融媒技术，强化校园网络文化建设工作，通过拓展媒体平台、盘活育人资源、强化队伍建设、融合教育技术，有效推动了青年大学生网络思维的构建，优化了自身网络文明素养，创造了一批优质网络文化作品，

起到了积极弘扬正能量、传播主旋律的作用。

（一）聚焦立德树人，挖掘融媒产品优质内容

立德树人是高校办学治校的根本任务，承载着为实现中华民族伟大复兴培育时代新人的历史重任。[1] 网络育人作为提升立德树人工作水平的重要路径，核心优势在于能够充分发挥互联网广泛的覆盖能力和深入的教育影响。高校通过形式多样、便捷高效的网络平台，将思想政治教育内容深度融入学生的日常学习和生活，打破了传统课堂教育的局限，将教学渗透到学生的线上互动和信息消费过程中。高校在构建网络育人体系时，要重视意识形态教育工作的优化。[2] 高校要不断优化育人体系，增强教育阵地意识，强化并优化学生管理，这样才能让青年学生与党和人民同向同行。

让正能量成为大流量，不是"唯流量论"，前提条件是内容过硬。在打造高校网络育人体系过程中，应深入研究不同媒体平台的运营机制、大数据算法模式以及传媒技术优势，避免传播内容流于形式。高校网络育人产品的生产，在专业技术可靠的前提下，应将主流意识形态视为融媒体产品创造的庞大素材库，把正向情感和积极态度带入生产全过程，打造独特的、符合用户兴趣与需求的产品人格，突出产品故事的细节，让高校师生产生情感共鸣和心理认同。

---

[1] 李静，赵茜. 立德树人视域下红色基因融入高校党建的创新路径研究[J]. 沈阳干部学刊，2023，25(4)：50-52.

[2] 陈婷，李啸川，吴双员，等. 基于易班的"三全四化"大学生网络育人体系构建：以湖南劳动人事职业学院为例[J]. 科学咨询(科技·管理)，2023(8)：171-173.

（二）锁定目标群体，定制生产精细融媒产品

目前，信息量极度爆炸，只有争取到多数受众的认可，媒体才有可能在激烈的竞争中得以生存。网络育人应基于大学生作为网络受众这一特定的用户视角与需求，使用新颖的表达形式与良好的互动机制来增强用户黏性。很多"爆款"融媒产品都采用了图文报道、主题画册、系列采访、主题微电影等表达形式，并添加了诸如动漫、手绘、长图、虚拟主持人等趣味性元素，迎合了受众的喜好。比如可以采用当下青年大学生易于接受的国风漫画形式发布内容，让广大师生受众在轻松愉悦的氛围中重温动人的历史时刻，感受恒久的精神力量。同时，这一新颖的表达形式也夯实了融媒产品的受众基础。

高校要通过大数据精准分析和解读"00后"大学生的个性化需求，注重使用数据预测、视觉抓取及其他多重手段，实现网络育人资源的可视化、交互化，创造生动有趣的网络育人作品；要在师生对网络文化生动、亲近、真实的情感认同优势中充分融合新理念、新视野、新技术，将慕课、混合式教学环境、知识图谱等相结合，通过融入网络思政内涵的日常创作，激发师生群体创作网络育人作品的能动性，实现走心走实、共情共理、叫好叫座的网络思政教育。

（三）关注时代热点，形成融媒产品传播合力

网络育人并非单纯的"网络+育人"的模式，要避免将传统育人模式机械地照搬到网络育人当中。在网络育人方面需要充分激发自身互联网思维，持续创新发展，准确把握常规育人方法和育人规律，借助

自媒体平台促进网络育人范围的不断扩展；通过熟练掌握各种网络信息技术和新媒体技术，灵活应用新技术转换育人话语模式，发挥融媒体平台功能，锁定关键时间节点，借助"网言网语""青言青语"打造育人作品，开展育人活动，树立育人品牌。

融媒体时代，高校要在全面巩固原有育人平台的基础上，在融媒体平台下有序实施各项工作，构成多点融合、密切联系的网络育人阵地，促进网络育人覆盖范围的不断扩展；要强化互联网思维、媒体融合发展理念，积极主动推进校内外联动，线上线下结合，由主流媒体同步助力，推出众多优质作品，实现全网增益传播效应；要主动吸引业界有关专家学者的关注，积极争取主流媒体以及融媒体平台的推介转载，努力形成"破圈效应"。

（四）注重育人细节，应用融媒产品前沿技术

新媒体技术的持续发展对原有传播方式形成了较大冲击，同时也使整个网络格局产生了明显变化，各种网络产品更新节奏明显加快。高校是大学生思想政治教育的主阵地，在全媒体传播背景下，高校思政工作者应当在进行网络思政教育时，厚植融媒思维，躬身入局新兴媒介，合理利用信息技术打造网络思政育人品牌栏目，不断拉近与学生的距离。实施网络育人可以有效应对新媒体技术冲击，为此，高校需要不断更新自身技术水平，积极应用各种全新技术手段实施网络育人，探索多元育人模式，并成为新兴网络技术的实践者，为网络育人的顺利实施奠定良好基础。网络育人和传统育人模式相比，前者主要是在新型平台中开展育人工作，同时借助互联网思维实施育人。网络育人主要是以网络平台为基础进行全面创新，同样也属于育人方式的

创新发展。

对细节的精准打磨是高校网络育人工作者的必备职业素养。为此，高校既需要从整体把握网络育人产品选题主旨方向，也需要从局部做好报道切入，完善细节投射，提升受众接受度。随着现阶段主流媒介形式的转变，传媒作品的呈现形式与传播方式均发生了相应变化，借助新兴传媒技术将历史资料进行形象化呈现已成为可能。高校可将传统媒体中的主流内容以音频、视频、动画等形式进行呈现，或使用交互式 H5 进行包装，使其更符合读图时代下用户的信息获取需求，赋予传统媒体内容新形式与新内涵。

三、五彩融媒网络育人体系的基本特征

五彩融媒网络育人体系全面贯彻党的教育方针，坚持以习近平新时代中国特色社会主义思想为指导，紧密结合我国的基本国情和教育实际，遵循学生全面成长成才规律，不仅关注学生的知识积累，更重视其品德修养、实践能力以及身心健康等多方面的培养，坚持改革创新，以培养德智体美劳全面发展的社会主义建设者和接班人为目标，呈现出鲜明的四大特征。

（一）坚持正确方向，做实育人成效

坚持正确的政治方向，就是坚持社会主义办学方向。五彩融媒网络育人体系作为新时代下推动高校实现"三全育人"目标的特色体系，坚持社会主义办学方向是育人体系构建须遵循的第一原则。无论是机

制的顶层设计方案还是每一个建设步骤或建设措施，都以此为引领。五彩融媒网络育人体系坚持用习近平新时代中国特色社会主义思想铸魂育人，立足于新闻舆论阵地、思政教育基地、专业实训营地三位一体的功能定位，发挥着"价值引领、形象传播、育人载体、舆情监管"的重要作用，致力于培养一代又一代拥护中国共产党领导和我国社会主义制度、立志为中国特色社会主义事业奋斗终身的有用人才。[1]

（二）聚焦问题导向，实现动态调整

当前，高校思政教育工作面临外部环境和内部执行的双重压力和挑战，只有遵循问题导向原则进行网络育人体系的建设，才有可能将其作用发挥到极致。五彩融媒网络育人体系针对高校思政教育工作中现存的问题，如思政课程形式单一、学生需求剖析不足、实时热点结合不够、创新表达弱化等，结合问题的成因分析，不断完善具体育人工作。五彩融媒网络育人体系作为学校党委宣传部牵头构建的工作机制，将问题导向意识渗透到校内各级育人工作管理机构，自查网络育人工作存在的具体问题，以解决问题为导向采取一定的措施，与时俱进推进网络育人体系的建设与完善。

（三）致力改革创新，确保内容为王

在新形势下，坚持高等教育高质量发展，要持续深化高校思政课

---

[1] 孟庆涛，齐媛，侯金芹，等. 为担当民族复兴大任的时代新人培根铸魂：习近平总书记关于教育的重要论述学习研究之一[J]. 教育研究，2022，43（1）：11-22.

改革创新，以服务发展新质生产力。网络育人体系的良好运行同样离不开改革创新的助力。五彩融媒网络育人体系在充分接受、理解、领悟"三全育人"的内涵要义的基础上，革新理念思路，创新育人内容，更新方式方法，运用前沿技术，紧扣育人内容，融合宣传手段，形成了强大的育人合力。不论是在党史学习教育年制作的主题节目《书记说党史》《众听·永远的丰碑》，还是在党的二十大召开之际打造的特色节目《红色电影里的中国》，都在全省乃至全国起到了具有一定影响力的示范带动作用。同时，人才队伍建设、考核评估、激励奖励等环节，也是五彩融媒网络育人体系建设中以改革创新为原则予以推进的环节。

（四）遵循客观规律，培育多元主体

尊重客观规律是发挥主观能动性的前提，建立完善的高校网络育人体系的根本在于要遵守思想政治教育规律和学生成长成才规律。青年学生在五彩融媒网络育人体系中，既是网络育人工作的对象，也是网络育人作品的创作者。该育人体系在充分尊重学生成长成才规律的前提下，充分了解当代大学生、"00后"群体的特点，组建了专任教师、专职辅导员、校外业界导师联合指导的跨专业联动的大学生记者实践团，主动打破专业壁垒、技术壁垒、学院壁垒，最大限度地发挥校内外育人主体合力，高效生成不同形式、学生喜闻乐见的育人作品，并在融媒矩阵联合发布，创造性地开展了网络育人实践，实现了指数型增长的育人成效。

第三节

五彩融媒网络育人体系的探索创新

五彩融媒网络育人体系是湖南大众传媒职业技术学院基于媒介融合和"三全育人"综合改革的时代要求，主动适应媒介融合发展趋势，探索与构建适用于高校的融媒体时代网络育人体系。该育人体系的构建实践于2019年立项为湖南省高校思想政治工作精品项目，2021年立项为教育部全国高校思想政治工作精品项目，并于2021年、2022年分别入选湖南省高校"十大"育人示范案例、湖南省职业院校"三全育人"典型案例。五彩融媒网络育人体系积极探索融媒体时代网络育人新思路，显示出较为鲜明的传媒高职院校网络育人特色，在"专业+思政+网络"育人模式上有独到的创新之处。

一、注重实用实效，探索网络育人新模式

高校融媒体中心主要聚焦于教育和学术研究，强调实训与专业教学，以培养学生的媒体制作与传播能力。行政融媒体中心则侧重于政府或企业的信息发布和管理，主要任务是提高信息传递效率和对外宣传的影响力，服务公共管理与决策。这两者在功能、目标和运作模式

上有明显区别。因此，在探索高校融媒体建设的新模式中，注重实用实效至关重要。

（一）聚焦资源整合与平台优化

高校要构建一个融合传统媒体与新媒体的平台，支持多种媒体形式，如视频、音频、图文等，以满足不同用户的需求。这不仅可以整合校内外的资源，还可以通过数字化工具增强内容的互动性和访问率。着手整合现有的媒体资源，携手校园电视台、广播站和各类数字平台，形成统一的融媒体运营体系，提高资源利用效率，这能增强媒体内容的统一性和专业性。通过优化融媒体平台，高校可以实现内容生产的规模化和标准化，确保信息传播的广度和深度。五彩融媒网络育人体系充分利用了人工智能技术来助力内容的编辑和推荐，使用大数据分析来跟踪和分析用户行为，从而更精准地调整内容策略，确保内容的针对性和有效性。不得不说，内容创新也是网络育人体系构建中的核心要素。五彩融媒网络育人体系鼓励师生利用这个融媒体中心发布真实作品、分享观点见解，同时也可以开展线上研讨、讲座和工作坊，以增强教学的互动性和实用性，提高学生的实际操作能力和创新思维。在机制设计上，五彩融媒网络育人体系注重建立一套完善的内容审核与反馈机制，确保发布的每一条信息都能体现学术严谨性和教育价值；通过定期的研讨会和工作坊，不断更新和优化媒体运营策略，以适应数字媒体快速变化的环境。

（二）强化内容建设和矩阵搭建

五彩融媒网络育人体系在建设、运行学校融媒体中心的过程中，通过近五年的实践摸索，探寻出一条适用于高校、区别于政务与行业的融媒体中心建设模式。相较于政务融媒体中心侧重提升舆论引导力，行业融媒体中心侧重提供行业大数据与行业决策分析，高校融媒体中心则重在内容建设，打造校园新媒体矩阵，建设"宣传舆论阵地+思政工作平台+专业实训基地"三位一体的网络育人平台，培养培训全媒体人才。五彩融媒网络育人体系重视跨专业团队的建设，汇聚了来自新闻传播、视觉艺术、数字媒体等多个专业的师生，共同开发适合校园环境的媒体内容和技术平台。这种多元化的团队结构旨在培养学生的全媒体技能，同时也促进了专业的跨界合作，提高创新能力。

（三）发挥属地优势和育人合力

五彩融媒网络育人体系整合了校内外的媒体资源，如图书馆的资料，以及《湖南日报》、湖南广播电视台、马栏山视频文创园等合作资源，还积极开发了独树一帜的网络育人"爆款"作品和节目。这些资源被用于创建一系列专属的校园媒体矩阵，包括但不限于在线教学平台、学术论坛和社交媒体账户，形成了一个覆盖全校的融媒体网络。此外，育人体系寻求与行业内的媒体企业合作，引进行业知识和专家资源，为学生提供更多的实习和就业机会。这种校企合作模式不仅能够为学生提供实践平台，还能使教育内容更加贴近实际，增强学生的职业竞争力。与政务融媒体中心主要强调舆论引导和政策宣传不同，五彩融媒网络育人体系在融媒体中心的建设中更加侧重于内容的教育性和科学性。其不仅是一个有效的"宣传舆论阵地"，也是一个深入开展思想政治教育的"思政工作平台"，同时还是跨专业的"专业实训基地"，为学生提供真实项目的实际操作的机会，培养和训练他们成为未来的全媒体专业人才。

二、打破媒介限制，开辟网络育人新阵地

随着数字技术的迅速发展，高校思政教育面临着前所未有的变革机遇，传统的育人模式与媒介正在被网络和数字技术重塑。高校主动打破媒介限制，研制网络育人新形式、新方法，打造网络育人新平台，有利于推动思政教育的全时空覆盖和高效率更新。通过网络平台，育人资源不仅可以更快地更新，以适应时代发展的需求，还可以全天候地覆盖到每一个学生，确保信息的即时传递和反馈。因此，此举对于提升教育质量、丰富教育资源具有重要意义。

（一）把握信息传播特征，革新内容生产

数智技术日益普及的当下，信息传播具有高效性、互动性、多样性的特点，传播的方式和速度更是发生了革命性变化。传统的媒体模式已经不能完全满足现代社会的需求，尤其是在高等教育领域，传统的校园媒体板块分割运作模式已显得过时。五彩融媒网络育人体系主动把握全新的时代要求与育人要求，在校园媒体运作中主动打破传统的媒体板块之间的界限，实现资源的集中管理和使用。在五彩融媒融

媒体中心，校园新闻和信息内容由一个育人团队进行选题规划，确保内容的多样性和深度，同时避免重复劳动；学校官方微信公众号、微博号、抖音号、校园广播站等不同板块的大学生记者共同参与采集和编辑过程，增强团队协作，提高工作效率。无论是文字、图片、视频，还是音频，都在同一个生产线上完成制作，实现内容的多样化表达，并通过中央控制系统，将内容同时推送至多个平台，包括校园网站、社交媒体、电子屏幕等，打破传统校园媒体板块分割运作模式，建立了校园网络新媒体矩阵。

（二）根植不同受众需求，融合生产模式

"一体化策划、一体化运行、一体化呈现"是五彩融媒网络育人体系的核心生产模式。这种模式不仅提高了生产效率，还增强了内容的吸引力和影响力。这种模式不仅可以实现在一个事件或活动现场，通过集成的采集工具一次性完成所有媒介形式的内容采集，还可以将同一来源的内容迅速转化为文章、视频、图表等多种形式，满足不同平台和受众的需求，从而实现校园内外的多个渠道快速传播，确保信息的广泛覆盖和高效传播。五彩融媒网络育人团队实行的这一联动机制，统筹选题、采编、制作和发布，构建"一体化策划、一体化运行、一体化呈现"的校园媒介融合生产模式，实现"一次采集、多元生成、多渠道传播"，探索出一条适用于高校的融媒体传播体系的发展道路。[1] 这一模式不仅能够提升育人资源的利用率和育人服务的可及

---

[1] 李志滨. 高校新闻采编流程与平台内容配置优化路径探究[J]. 新闻研究导刊，2024，15(8)：112-115.

性，还能够增强学生的自主性和创新性，为社会培养更多适应未来挑战的人才。

（三）强化数字技术驱动，优化个性学习

五彩融媒网络育人体系在大数据分析和人工智能技术的应用基础上，全面分析学生的学习行为、行为偏好，从而提供更加个性化、针对性的育人内容和学习路径。该育人体系根据每个学生的具体需要调整育人内容和节奏，实现精准教育，极大地提升了育人效率和效果，不仅能满足学生不尽相同的学习需求，还能客观及时地将育人成效反馈给育人工作者，以更后续针对性调整教育教学策略与内容。同时，这种个性化的学习方法还能极大地增强学生学习的针对性、灵活性和实效性，学生能够通过自主选择感兴趣的学习内容与安排学习进度，更主动地参与学习过程。这不仅仅提升了学习的动机，也使得学习过程更加贴合个人发展的需求。同时，五彩融媒网络育人体系还通过大数据平台，实时跟踪学习效果，通过持续的数据循环反馈，实时调整育人策略，优化育人方法，进一步提升育人的质量和效率，是网络育人领域中一种具有前瞻性和创新性的教育模式。

三、建设精品内容，打造网络育人新形式

在当今社会，随着科技的迅速发展和信息化时代的到来，当代大学生作为数字时代中的一员，对信息的获取和处理方式与以往的大学生有着显著的不同，他们更倾向于通过网络平台来接收信息，喜欢快

速、多样的传播方式。高校育人方式亟须针对青年大学生的特点，开辟网络育人新阵地，利用网络平台的便捷性和丰富性，结合现代信息技术，打造符合时代要求的思想政治教育模式。

（一）打造网络育人精品力作

高校在开展思想政治教育时，需要适应新受众的新变化，变革传统育人模式，以建设精品内容和打造网络育人新形式为目标，有效结合青年大学生的需求特点和时代发展的最新要求，以贴近学习、贴近生活的育人资源为主要载体，把思政教育深度融入学生的专业教育和日常行为管理工作，充分利用重大主题、重要节点，生产发布一系列网络育人产品。五彩融媒育人团队深入研究当代大学生的心理特点和兴趣爱好，从青年学生常用的媒介和平台入手，设置与时代脉搏相贴合的教育内容。如围绕热点事件、主流评论、重大选题等主题，设计网络育人内容；通过引入热门电影、音乐等艺术作品元素，让育人作品和活动兼具趣味性和启发性，让育人元素深度融入学生喜爱的领域。

（二）丰富网络育人表达方式

制作形式多样的媒介产品是吸引青年大学生的关键。五彩融媒育人团队开发包括但不限于短视频、微电影、动画、漫画、H5 等多种形式的媒介产品。例如，制作以"书记说党史"为主题的一系列微视频，由学校各级党组织书记讲述党史故事，用年轻人喜欢的电影语言表达深刻的主题思想。这一媒介产品以学生喜闻乐见的呈现手段与接受形式，强有力地传播了主流意识，弘扬了红色革命文化、中华优秀传统文化、社会主义先进文化，唱响了校园主旋律。依赖于网络平台的强大互动性，学生可以直接参与网络育人作品的讨论和实践，通过联合创作、在线讨论、互动问答等方式，在轻松的环境下深化对主流价值观的理解和认同。这种方式不仅能够提高青年学生的思想政治素养，更能帮助他们树立正确的价值导向与行为导向，促进其立志并努力成为适应新时代要求的社会生力军。

（三）增强网络育人应用价值

五彩融媒网络育人体系将思政教育与学生的专业学习进行有机结合，在专业课程中融入相关的思政教育元素，并通过沉浸式的案例分析、课堂讨论等形式，引导学生将理论知识与实际情况相结合，增强了网络育人的现实意义和应用价值。此外，该育人体系还主动将思政教育融入学生的日常生活，通过举办主题宿舍文化节、网络文化节、志愿服务活动、社会实践等，创新并丰富了网络育人的有效载体。这样不仅能够有效适应数字化时代的育人需求，还能够通过现代化的手段增强思想政治教育的影响力和实效，对于培养符合时代要求的高素质人才具有重要意义。

四、实现课堂思政，构建网络育人新格局

在信息技术快速发展的时代背景下，传媒院校有责任利用自身的专业优势，有效利用网络平台的广覆盖和高互动性，使思政教育突破

传统课堂的限制，通过整合线上线下教育资源，拓展育人的时空边界，提高学生的参与度和接受度，更加深入地影响学生，夯实育人效能。

（一）增加学生受众黏性

五彩融媒网络育人体系充分发挥湖南大众传媒职业技术学院的专业优势，将网络育人产品的生产过程与学生的专业实训紧密结合，在聚焦提升学生的专业技能的同时，还能增强思想政治教育的效度。通过同步建设融媒体中心与易班发展中心，开办了一批贴近学生生活的网络专栏，打造了一个多功能的学习和宣传平台。这既能满足学生的兴趣和需求，也能为他们提供展示自己才能的舞台，从而更好地吸引学生自觉主动参与网络育人活动。

（二）打造网络互动社区

建设由大学生记者组成的网络宣传员队伍，是五彩融媒网络育人体系构建的另一个要素。在融媒体中心，大学生记者不仅仅是专业技能的实操者，更是网络育人产品的生产者。在真实的网络育人作品创作项目中，大学生记者提高了职业技能水平，更提前熟悉了传媒行业流程与标准，为今后的就业、创业打下了扎实的基础。这一举措不仅培养了学生的专业技能和协作能力，还能让学生在真实项目和作品的实操中提高思想道德水平。学生在多专业联动的教师团队指导下，打造了一系列的网络育人作品，并构建了优质的网络互动社区，这极大地提高了学生的参与感和归属感。这种由下至上的参与方式，能够更好地发挥网络育人的功能，使网络空间成为传播正能量、培养正确价值观的新阵地。同时，这种模式也有利于调动各类育人主体的积极性，提高他们的参与度，形成一个覆盖学生、教师及社会各界人士的全方位育人网络。

（三）注重真实传媒项目实操

五彩融媒网络育人体系聚焦实现"专业+思政"的大课堂思政格局，在理论与实践、专业知识与思政教育之间找到最佳的结合点。通过参加国家级、省级相关技能竞赛，以及校内外的传媒项目，学生不仅可以获得必要的专业技能，还能在实践中深化对主流意识形态的理解和认识。例如，大学者记者团紧扣时代脉搏，将专业实训与育人实践相结合，开创性地推出了一系列切合时代主题的原创融媒作品。其在党史学习教育年制作的主题节目《书记说党史》和《众听·永远的丰碑》，以中国共产党百年辉煌历程中凝练出的红船精神、井冈山精神、长征精神等为线索，由学校党委书记、党总支书记和青年学生代表讲述中国共产党百年荣光，讴歌精神偶像；在党的二十大召开之际打造的《电影里的中国》，开创性地将虚拟现实技术运用于节目制作，通过师生共同演绎红色电影经典片段，用新技术新形式诠释中国精神的时代意义。这种育人体系的构建实践，是适应新时代背景下高等教育发展的必然要求，也是高校培养社会主义建设者和接班人的重要途径。这样的网络育人方式的改革和实践，能够提高育人的质量，增强育人的效果，使思政教育更加生动、更接地气，打造一个有效、广泛、可借鉴的网络育人新模式。

第三章

五彩融媒网络育人体系的构建

高校网络育人体系是一个错综复杂的系统，其目标的达成需要一个长期且持续的过程，无法通过短期努力迅速实现。五彩融媒网络育人体系在深入理解思想政治教育和学生全面发展的内在规律后，着力进行育人理念的革新与实施路径的完善。该体系以新时代育人理念作为网络育人实践的行动纲领，通过改进网络育人的整体架构，坚守"内容为核心"的原则，建立起一支高素质的育人团队。这一系列举措逐渐凝结成一套实用且高效的网络育人方法，不仅满足了新时代对高校道德教育和人才培养的更高要求，也促进了高校网络育人工作的全面进步。

第 一 节

理念引领，构建根基

在新时代背景下，网络育人理念被视为促进其内部结构和功能调整的根本性指导，对网络育人成效起着决定性作用。当前，社会环境的快速变化、传播类型的多样化以及教育对象特征的深刻变化，给学校网络育人提出了新的挑战和机遇。信息技术和互联网的发展使得传统教育方式难以完全满足需求。网络育人需要借助新媒体技术，以更具互动性和多样化的方式进行教育。由于学生的信息获取方式、学习习惯和价值观念与以往不同，网络育人的主要矛盾也随之变化。在此背景下，五彩融媒网络育人体系应运而生。该育人体系主动契合变化，吸收时代精华，以鲜明、科学的时代理念引领网络育人长效机制的构建。

一、坚持创新发展的理念

只有坚持创新发展理念，网络育人才能消除传统思想政治教育中的弊端，实现对传统育人方式的超越，才能在纷繁复杂的网络社会中保持不朽的生命力。[1] 五彩融媒网络育人体系在构建过程中，深入贯彻新发展理念，努力开拓网络育人格局。

（一）厚植观念与意识的创新

创新不能局限于细枝末节的改变，要敢于从大处着眼，如从思想观念上进行根本性变革。五彩融媒网络育人体系的构建，聚焦新时代客观环境、学科发展和学生特点的变化，从而能有的放矢，更好地设计和实施教育活动。新时代的客观环境日新月异，信息技术的迅猛发展和互联网的普及，使得学生的学习方式、信息获取渠道以及思维方式都发生了深刻的变化。五彩融媒网络育人工作者敏锐地捕捉这些变化，深入了解学生的需求和兴趣点，及时掌握和应用学科与专业发展的新动态，不断更新育人内容和教学方法，与时俱进，从而满足学生的学习需求。

在此基础上，五彩融媒网络育人体系努力突破传统思维定式，推

---

[1] 史丽花. 新时代高校网络育人研究[D]. 成都：电子科技大学，2021.

动网络教育模式的根本性变革：不仅勇于尝试新的技术手段和育人方法，更重要的是在教育理念和育人模式上进行根本性的创新。五彩融媒网络育人体系的目标定位不再仅仅是传统教育的补充，而是要成为育人体系中一个不可或缺的重要组成部分。该育人体系树立开放包容的心态，勇于挑战传统观念的束缚，积极探索新的育人路径和方式。通过这种战略性的观念转变，网络育人能够更好地适应和引领新时代的发展，为学生提供更加优质和个性化的教育服务，真正实现教育的创新和突破。

（二）聚焦内容与形式的创新

五彩融媒网络育人体系通过系统研判客观环境、学科发展和学生特点，不断扩充和革新育人的内容。在党的二十大召开之际，五彩融媒网络育人体系原创了虚拟现实技术节目《电影里的中国》。该节目选取经典的红色电影，由学校播音与主持专业学生对其经典片段进行配音，党委书记、党总支书记等讲述电影背后的中国精神内涵，数字媒体技术、摄影摄像技术、广播影视节目制作等多专业师生共同参与，使理论学习更加生动有趣，极大地增强了教育效果，提高了学生的参与度。

在形式创新方面，五彩融媒网络育人体系在错综复杂的网络信息中探寻思政教育的创新要素，同时以学生偏爱的表述和活动方式加以展示。在党史学习教育年，五彩融媒网络育人体系原创了系列微视频《书记说党史》，视频以中国共产党一百年辉煌历程中总结出的红船精神、井冈山精神、长征精神、延安精神、西柏坡精神等为线索，由学校党务岗位教职员工讲述中国共产党一百年的光辉历程。该节目利用新媒体手段创新了网络育人的形式，以校园融媒矩阵为平台传播，在校园里唱响主旋律、传播正能量。这些创新形式不仅增加了教育的趣味性和吸引力，也大大提高了学生的参与度和认同感，使思想政治教育更加深入人心，切实发挥育人功能。

（三）提升技术与应用的创新

现代科技已渗透到人类社会的方方面面，网络育人应依托技术创新精准赋能，强化网络育人靶向发力，推动网络空间治理的提档升级。[1] 五彩融媒网络育人体系在构建过程中，聚焦融媒技术、数字技术在育人过程中的运用，提升其利用大数据挖掘、处理和分析网络育人过程中的问题的能力，增强育人工作的针对性。育人队伍充分发挥信息技术优势，全面分析学生在网络平台上的行为和言论，通过数据挖掘发现学生的思想动态和关注的热点问题，针对性开展网络育人工作。此外，社交媒体平台也成为网络育人的重要工具，如依托微信、微博、抖音等平台，用师生喜闻乐见的方式开展思想政治理论学习、红色文化宣传和校园榜样事迹报道等，可以扩大正能量、主旋律的传播力和影响力。

与此同时，五彩融媒网络育人体系坚持网络育人的育人本质，重视培养对技术灵活运用的能力，防止对技术的生硬套用，避免仅依赖技术优势而忽视社会各方的参与。在网络直播技术日益兴起的当下，五彩融媒充分发挥传媒专业优势，汇聚校企合力，为学生创造学习和

---

[1] 姜庆华，张晨晓，马伟娜. 高职院校网络育人的现实挑战与增效路径 [J]. 学校党建与思想教育，2023（2）：69-71.

实践平台，开展多场"0佣金"的助农公益直播。从选品到带货，从造型到美工，从置景到拍摄，大学生记者团队全程参与，携手湖湘本土农产品企业，将全部收益捐助给学校乡村振兴对口帮扶村镇。这种以新兴技术与新兴业态融入思政教育和专业教育的方式，确保了网络育人工作的有效性和持续性，真正实现了技术与思想政治教育的深度融合。

二、聚焦互动共生的理念

新时代网络教育颠覆了传统教育单向灌输和层级性的特征，重塑了师生之间的关系。网络的虚拟化特性为主客体间提供了平等沟通的机会，其交互性为二者的互动交流开辟了更为便捷的路径，为互动共生的教学相长提供了催化剂。因此，五彩融媒网络育人体系在构建过程中，高度重视强化互动共生的时代理念。

（一）构建良性互动的教育生态

随着数字技术的迭代更新，网络信息每天以爆炸式的速度增长，青年学生表达自我的需求日益增强，影响着师生交往方式。时代新人的培育要扭转传统育人实践中培育者全权主导培育实践的倾向，使以往处于被动地位的受培育者重新被发现、被重视。[1] 五彩融媒网络

[1] 翟洪峰，郑茂旺. 习近平总书记时代新人重要论述的生成逻辑、主要内容和时代价值[J]. 江苏师范大学学报（哲学社会科学版），2024，50(1)：68-82，123.

育人体系顺应时代变化，基于网络教育的目标和学生的全面发展需求，从多样且不断变化的信息中探寻并整合网络育人资源，为师生提供表达意见、平等交流的机会。同时，利用学生网络育人队伍创作育人作品、打造育人栏目、培育育人品牌，运用学生喜闻乐见的表达方式与形式，整合、汇集信息资源，为学生构建平等沟通的平台。

同时，保障学生自主选择所需信息的自由也是其中至关重要的一环。在传统的教学方式中，从教学内容到传授方法往往由教育者决定，这在很大程度上遏制了学生的积极性和自主性。五彩融媒网络育人体系在深入剖析学生兴趣、分析行为偏好的前提下，有针对性地设计育人内容，并赋予学生挑选自己喜爱的信息和获取途径的权利。在2022年毕业季，五彩融媒网络育人团队深度剖析当代青年学生日益关注传统文化的需求，策划了以"盛世千年·华夏之卷"为主题的毕业展。该展演联动了全校多个专业师生，从策划布景到服装设计、从化妆造型到场景演绎，历时近一年时间，深度还原与创造性复刻了《山海经》、敦煌壁画中的经典形象，以及《捣练图》《簪花仕女图》等传世名画中的人物，并在校内外融媒矩阵强力传播，为思政教育插上了创意、创新的翅膀。该展演被《光明日报》《人民日报》《湖南日报》以及红网等主流媒体争相推介。

（二）增强与时俱进的技术支持

技术进步使思想政治教育更加生动、实时、有效，提升了其吸引力。五彩融媒网络育人体系注重提升育人主客体的共生感，通过网络平台和信息技术及时了解学生的思想动态和学习需求，为其提供个性化的指导和支持。该育人体系借助大数据和人工智能技术，收集和分析学生在学习行为、兴趣爱好和思想动态等方面的信息，从而生成个性化的育人方案。例如，五彩融媒充分利用网络平台支持大学生记者团自主学习和团队合作，采用"校内教师+业界专家""线上+线下""老+新"的模式，利用第二课堂、在线讨论区和实时聊天功能，进行深度交流，并通过真实的项目式学习和合作性任务，实现在互动中互相学习、共同进步，从而增强参与对象的主动性和获得感，提高网络育人的整体效能。

网络育人技术的升级与应用，也是五彩融媒网络育人体系构建的焦点。现代信息技术为网络育人提供了坚实的基础，但技术缺陷也对其发展构成了限制，如无法提供面对面交流沟通的真实感与代入感。因此，五彩融媒致力于打造以人为中心的网络育人技术界面，持续提升师生用户的体验感，深入研究和理解青年学生的情绪与需求，引发情感共鸣。通过持续改进融媒矩阵在各大平台的内容布局、外观设计和关键分类，不断削弱虚拟技术的潜在弊端，五彩融媒不断提升了目标用户的忠诚度，提高了青年学生使用的便捷性和舒适度，不断优化了网络育人的虚拟环境，为青年学生在虚拟世界中构筑了归属感，打造了一个充满正能量的精神寄托之所。

（三）构建多维结合的评价体系

在网络思政教育中，构建互动共生的评价体系，能够促进师生之间的深度互动，实现教学相长的目标。五彩融媒通过构建多维度评价体系，不仅关注学生的学习成绩，还评估其在思想政治教育中的表现和进步。教师可以利用在线平台，设计多种评估方式，让学生展示其对思想政治理论的理解；结合学生的社会实践活动和公益项目，评估其社会责任感和实际应用能力。通过这些多维度的评价，育人工作者可以全面了解学生的思想动态和发展情况，提供有针对性的指导，帮助学生不断提升思想政治素质。同时，教师也可以在指导过程中不断改进教学方法。

过程性评价在网络思政教育中同样重要，它能够记录和反馈学生的思想成长和学习进步，促进师生互动。[1] 五彩融媒通过在线平台鼓励学生进行自我评价和互相评价，形成良性的互动和反馈机制。例如，在心理健康日，五彩融媒大学生记者身着卡通玩偶服，高举"5·25 抱抱我"的手持牌，在校园里人流最多的地方主动拥抱师生，也呼吁大家敞开胸怀，用小拥抱传递大温暖。项目结束后，育人团队除了及时复盘项目情况，还注重鼓励学生主动对自己的表现进行反思，并对同学的表现给予反馈，提出建设性意见。这种自评与互评结合的方式，不仅增强了学生的主体意识和自我管理能力，也促进了学生之间的交流和合作，激发了他们的学习热情和进步动力。通过过程性评价，育人团队还可以不断调整和优化育人内容和方法，真正实现教学相长，使网络思政教育更加高效、灵活和富有成效。

三、凝聚同频共振的理念

高校网络育人提倡人人参与、合作共享，要求师生平等参与育人活动，并从不同层面享有育人成果。尤其是在"三全育人"时代背景

---

[1] 高星. 思政教育实践育人体系的构建[J]. 中学政治教学参考，2022（19）：101.

下，其对全员、全程、全方位提出了明确要求，进一步凸显了唯有全面调动所有成员的积极性，形成众人共同建设的态势，方能确保网络育人成果的普惠性，从而高效达成网络育人的目标。

（一）优化育人资源共享

高校网络育人工作要利用信息技术开展思想政治教育，通过网络平台实现教育资源的共享。五彩融媒通过校内融媒矩阵，建立全面的在线育人资源库，汇集优秀的思想政治教育课程、网络育人作品与栏目等资源，供师生随时随地进行学习和参考；不同院系和教师也可以在平台上共享教学案例、研究成果和教育方法，互相借鉴和学习，提升整体育人水平。此外，校际也可以通过此矩阵共享优质网络育人资源，拓宽学生和教师的视野。这种资源共享不仅提高了教育资源的利用率，也促进了师生、校际的交流和互动，有助于形成良好的网络育人生态。

五彩融媒网络育人体系致力于汇聚提炼，并有序管理思政教育资源，从而推动各校之间的资源互通与分享交流。为了进一步提升育人资源共享的效果，五彩融媒网络育人体系通过建立专业的资源管理团队，定期更新并维护在线资源库，确保了育人资源的时效性和实用性。同时，借助数智技术，深入探究学生的个性化学习需求与偏好，为每位学生量身推荐资源，从而提升育人资源的针对性和利用率。例如，在 2022 年国际劳动节前夕，数据分析发现，与"变装"关键词密切相关的视频资源使用频率较高，五彩融媒团队策划了一场为学校后勤服务人员量身打造的特殊的"变装秀"，联合多专业师生以专业所长致敬不同职业的劳动者，打造了一场创意与专业交融、理论与实践结合的网络思政课，并以此为契机，让更多师生积极参与资源库的建设，形成了自我更新、自我完善的良性循环机制。

（二）强化师生联动共享

网络育人强调师生之间、学生之间的互动与合作，并通过信息技术和网络平台实现这一目标。五彩融媒网络育人体系充分利用校内融媒矩阵，组织师生共同参与育人活动，如开学第一课"青春告白祖国"以及多专业联动的大型思政课"我和我的祖国"等。这些活动不仅丰富了教育内容，还为师生提供了思想交流和观点碰撞的平台。在这些活动中，教师育人队伍可以通过直播与学生实时互动，解答学生的疑问，鼓励学生参与讨论和发言，增强教育的实效性。同时，学生也能够通过参与真实项目进行合作与学习，提升实践能力，培养团队协作精神。在活动中，学生群体实现了实时互动，进一步增加了育人活动的受众黏性，使得思想政治教育更加深入人心。

此外，五彩融媒网络育人体系致力于为校际的师生团队和联合创作项目提供广阔的空间。通过共同参与网络育人工作项目、联合创作网络育人作品，不同高校的师生可以分享资源和经验，拓宽视野和思路。这种校际合作不仅提高了教育资源的利用效率，也促进了师生之间的学术交流和合作，从而形成了更广泛的育人共同体。同时，校际的合作还可以更客观、科学地帮助育人工作者去把握和分析育人效果，及时调整育人策略，确保育人内容和方法的有效性和针对性。通过这种方式，网络育人不仅提升了整体教育质量和效率，还实现了教育资源利用的最大化和效果的最优化，确保了思想政治教育的广度和深度。

（三）推动育人平台共享

网络育人平台共享是实现思想政治教育目标的重要途径。高校可以建设统一的思想政治教育平台，整合各类教育资源和功能模块，形成一体化的教育体系。五彩融媒不仅为教师提供智能化的育人工具，也为学生提供多样化的学习支持。通过育人平台共享，师生可以在同一个平台上进行交流和互动，共享学习资源和育人成果；校际也可以通过融媒平台开展联合育人、资源共享和师生互动，从而提升教育资源的利用效率和实现教育效果的优化。这种平台共享模式，大幅提升了五彩融媒网络育人的整体质量和效率。

随着现代网络信息技术的发展，技术的社会化进程逐步加快，高校网络育人工作者必须高度重视技术力量对育人进程的深刻影响。五彩融媒借助师生之间、学校之间的技术沟通与协作，力求克服技术普及与运用上的短板，逐步提升运用前沿信息技术推动思政教育进步的能力水平。五彩融媒网络育人体系依托高校，作为中国职教学会智能融媒体专委会的牵头单位，为庆祝党的生日、献礼党的二十大推出了虚拟现实技术网络融媒视听节目《电影里的中国》。"没想到在电视里才能看到的虚拟现实技术节目，竟然在我们手上完成了！"这是当时负责这个项目的大学生记者张宇面对《湖南日报》记者采访时发出的感叹。对于如何在网络育人工作中推广普及前沿技术这一问题，五彩融媒网络育人体系迈出了坚实的一步。

第 二 节

内容为王，掌控有度

当前，高校思想政治教育所面临的主要矛盾已然转变，满足大学生日益增长与变化的需求，已成为网络育人工作的重中之重。要达成这一目标，网络育人的内容起着至关重要的作用。五彩融媒网络育人体系积极拓展网络育人内容的覆盖范围，不断创新内容供给方式，通过提供有深度、有温度、有广度的内容来启迪学生、培育学生，促进学生全面发展，不断满足大学生对更高生活品质的渴望。

一、突出网络育人内容的深度

随着互联网技术的高速发展，信息传播的非体系化、非系统化趋势不可避免地日趋显著。为了破解这一难题，五彩融媒网络育人体系通过加强网络育人理论研究，深入挖掘网络文化中的育人资源，不断提供有深度的育人内容，启迪学生的思想内涵，提升学生的认知能力。

（一）构建科学体系，丰富时代内涵

有特色的内容能够吸引人，但科学的内容才能说服人。[1] 现阶段，由于网络育人的相关理论成果并未形成足够强大的影响力，育人实践较多地依赖个人经验与摸索，其科学性与合理性有待考究。五彩融媒网络育人体系通过精选优质学术和理论资源，组织校内外专家学者分享最新理论与前沿研究，在动态中把握网络育人内容的变化规律与思想政治教育规律，帮助学生接触到最新的研究成果和学术动态。这不仅拓宽了学生的知识面，还激发了他们对相关理论和知识的兴趣，提高了其研究能力。

五彩融媒网络育人体系通过创新表达形式，赋予经典理论和现代思想新的时代内涵，帮助学生建立系统知识框架，增强理论素养。在育人过程中，该体系将传统理论与当代社会热点、科技进步和文化潮流结合，如分析人工智能发展、"四史"学习和文化传承发展等，使理论焕发新的生命力。同时，五彩融媒网络育人体系运用新媒体技术和互动形式，通过短视频、动画、H5 和虚拟现实，将抽象的理论具体化、生动化，使其更贴近学生生活；结合流行的抖音、微信等社交平台，推出系列主题活动和互动问答，引导学生在参与中深入学习理论，拓宽了学生的知识面，并激发了他们的学习兴趣，使理论成为分析和解决现实问题的有力工具。

---

[1]　史丽花. 新时代高校网络育人研究[D]. 成都：电子科技大学，2021.

（二）深化需求研究，调整供给方式

随着网络信息技术与思想政治教育的深度融合，人们在不同背景下和育人活动中的身心发展差异越发显现。五彩融媒网络育人体系针对这一现象，深入研究大学生思想的演变规律，细致分析受教育者对网络教育内容的接收、理解与认同过程，主动结合学生的日常行为习惯，灵活调整育人内容的展现形式，以此促进网络育人内容由学生内在吸收向外在实践的不断转化。

网络文化产生于一个可以无限拓宽、极其自由的网络环境。[1]五彩融媒致力于通过创新手段，挖掘和展现革命文化、中华优秀传统文化、社会主义先进文化的魅力。通过网络技术，以新颖的形式将经典诵读、家风家书展示、红色故事讲述以及红色偶像分享等文化活动生动地呈现出来，从而充分发挥传统文化资源在网络育人领域的功能与功效。为追寻红色足迹，汲取奋进力量，五彩融媒网络育人体系献礼中国共产党百年华诞，特开设了《众听·永远的丰碑》专栏，由青年学生代表分享心中永不褪色的红色偶像，不仅加强了对学生的爱国主义教育，更是创造性地传承了红色文化，推动了思政教育目标的实现。

---

[1]　温云峰. 论网络时代的高校德育工作[J]. 南方论刊，2002(12)：35 - 36.

二、强化网络育人内容的温度

高校网络育人的核心在于对青年学生的教育和引导，因此必须坚决贯彻以人为本的理念。唯有富含温情与温度的育人内容，方能深深触动师生的内心，形成强大的情感共鸣，进而让网络育人的精髓不仅深植于心，而且能体现在日常言谈举止之中。

（一）聚焦学生需求，实现思想碰撞

针对传统教育内容单向传播的弊端，互联网所具备的交互性特点为网络育人内容的革新带来了契机。借助先进的互联网信息技术，育人工作得以在多维度互动的环境中进行。在这样的环境下，学生能够即时分享自己的思考、感悟和疑惑，并能汲取他人的多样化观点。同时，教师可以通过这种多维度的师生互动，收集到不同学生的学习反馈，从而根据实际情况灵活调整教学策略。五彩融媒网络育人体系充分利用了现代信息技术，注重提供交互性强的育人内容，以便师生之间的互动交流，教师可实时追踪学生的思想动态，并根据需要及时调整网络育人的方式方法。

同时，五彩融媒网络育人体系将育人资源与青年特点、重要时间节点、重要事件、热点难点问题等相融合，形成了"三个一"的实体化运行模式，即"每年一档引领青年学生思想价值的原创节目，每年数十部获省级以上荣誉的育人作品，每年百场提升青年学生专业技能的实践项目"。通过深入研究学生日常的休闲娱乐偏好，并将其与思想

政治教育内容相融合，五彩融媒运用虚拟现实技术和多媒体远程教学手段，极大地增强了学生的学习体验感和知识获得感。这种创新的教学方式不仅让学生在形象、立体的内容展示中轻松学习，还提升了学生发自内心的情感认同。

（二）转变话语体系，增强情感共鸣

网络话语权是高校管理和思想政治教育研究内容的焦点。[1] 然而，当前网络育人内容接受度不高的一个主要原因，在于其内容的话语表达方式与受众的接受心理存在偏差。鉴于此，五彩融媒网络育人体系在育人实践中，致力于深入理解、探索构建新时代的话语表达体系，紧密联系学生的实际生活，准确把握网络环境中的核心问题，根据实际情况灵活选择适合的理论话语、生活话语及网络话语。通过这种方式，五彩融媒成功地将马克思主义理论以年轻人喜闻乐见的形式展现出来，同时将社会主义核心价值观转化为引人入胜的《榜样》等融媒平台原创栏目，让思政教育更加贴近学生的生活与内心，从而增强学生的情感共鸣、理解和认同。

该育人体系组织开展"党史学习教育""党的二十大精神""冬奥文化精神""身边的榜样"等系列专题线下活动及线上宣传，充分发挥节点教育和朋辈引领的作用。通过凝聚青春力量，完善网络育人工作机制，构建网络思政育人宣传阵地，不仅引领了青年成才，还营造了思政育人网络宣传氛围。在此过程中，该育人体系弘扬青春正能量、讲述校园好故事，打造了影响深远、师生喜爱的五彩融媒网络思政育人品牌。

---

[1] 侯景瑞. 新媒体环境下基于网络话语权的大学生舆情引导研究[J]. 现代职业教育，2020(49)：154−155.

三、拓宽网络育人内容的广度

基于现代网络技术的飞速发展，网络育人得以有效实施。为了有效地制作和传播育人内容，网络平台成为不可或缺的依托。五彩融媒网络育人体系对网络信息传播的深层逻辑和手段有着深刻的理解，并以此为基础，积极创作了大量多元化、富有创意的网络育人作品。同时，五彩融媒网络育人体系还致力于推广和介绍典型的案例和优秀的作品，从而显著增强了网络育人内容的感染深度，拓宽了网络育人内容的传播广度。

（一）培育网络育人精品力作

在数智技术迅猛发展的背景下，网络信息爆炸式增长，其中充斥着大量非主流意识形态的网络文化作品，青年学生对此如果不进行区分和辨别，便容易被误导。五彩融媒为了占据网络育人高位阵地，培育了强有力、高素质的师生育人队伍，形成了师生合力进行网络育人作品创作的模式，发挥网络育人润物无声的思想政治教育作用。在增加创作数量的同时，五彩融媒还注重保证内容的高质量、高水平，确保这些作品能够经受时间的考验，真正触动人心，从而形成德技并修的育人氛围，培养精雕细琢的传媒工匠精神。

网络育人还需捕捉网络环境中的教育资源，将网络中的焦点、热点转化为育人资源。五彩融媒网络育人体系注重育人内容的原创性与时代性，其打造的大学生为家乡的电商致富代言的微电影《橙风破浪》、高龄老党员退休返乡造福百姓的短片《老骥伏枥践初心》，以及记录疫情下辅导员的一天的纪录片《守护十二时辰》等一系列贴近学生生活、富有情感共鸣的优秀作品，在众多文化作品中脱颖而出，获得国赛、省赛等多项荣誉，并被师生自觉广泛传播和推介。通过不断创作和推广优质的网络文化作品，网络育人的广度和影响力得到了提升。

（二）拓宽网络育人传播渠道

为了扩大网络育人内容的影响力，形成不同学校的育人合力，增强传播力度势在必行，利用新兴媒体则成为其中不容小觑的手段。五彩融媒网络育人体系在运用校内融媒矩阵进行宣传的同时，也着重发挥传媒院校办学优势，持续推进与全国、全省各大主流媒体的交流合作，采用"传统媒体+新兴媒体"的方式，加大育人工作的传播渠道，从而实现育人多维覆盖。五彩融媒以社会热点和学生关心的实际问题为出发点，结合图文、H5、动漫、手绘等多种表达方式，积极打造微课堂、微电影、微公益广告等创新型网络文化产品，始终坚持以问题意识为创作指南，让一大批网络育人的"爆款"内容在各大平台上传播开来。

网络育人的内容传播必须抓住特色，重点突破。五彩融媒网络育人体系致力于讲好身边故事、传播校园声音，加强对校园优秀师生励志故事的宣传，充分发挥校园榜样的示范引领作用。通过发挥传媒院校资源优势，五彩融媒网络育人体系以重大节日和主题活动为契机，深入挖掘并整合本地及本校的特色育人资源，积极推广典型的育人实例和出色的育人作品；同时进一步深化网络主题教育和打造优秀的网络育人栏目，致力于打造形式新颖、内容深刻的网络育人精品，并借此创建具有标志性意义的网络育人活动品牌。

第 三 节

平台优化，提质增效

高校网络育人的内容传播与功能达成，都需要平台的坚实支撑。但现阶段，高校网络育人平台正面临着使用频次不够和创新能力匮乏的挑战。只有不断优化育人平台，完善服务管理，打造特色平台，扩大平台的吸引力和影响力，才能充分发挥这些平台的价值引导和教育功能，以提升网络育人的整体效果。五彩融媒育人体系在丰富教育教学平台、优化服务管理平台、孵化特色主题平台等方面进行了一系列尝试。

一、丰富教育教学平台

利用信息平台，教与学的方式和领域得到了进一步的扩展。当前，研究并开发基于移动终端的网络教育平台，已成为网络育人改革发展中的关键环节。构建学生喜爱的教学平台和打造教师成长的教研平台，是高校网络育人提质增效的双重保障。

（一）构建学生喜爱的教学平台

为了满足师生多样化和个性化的不同需求，五彩融媒主动打破学院、专业和班级的限制，组建"多专业联动的实验班"，调动全校各个专业的优秀师资力量，积极拓宽线上线下贯通的育人渠道，通过提供多元育人内容，创造深入解读与讨论的网络空间，从而有效调动师生的参与热情，提升了教师的教学质量，并进一步激发了学生的创新思维。

在优化网络教育平台方面，五彩融媒致力于改善师生用户界面，通过精心设计各大育人平台界面的模块布局，确保颜色搭配和模块组合既美观又符合思想政治教育的育人逻辑以及师生的身心发展需求，从而提升用户的体验感。同时，提高已有的育人平台如慕课、微课等利用率。既高度关注新平台的开发与投入，也着力优化和推广现有平台，确保其发挥最大效用，从而实现网络育人平台的合理拓展与育人资源的高效利用。

（二）打造教师成长的教研平台

加强网络教育的专业指导，并提高网络育人工作者的技术运用能力，是五彩融媒网络育人体系取得实效的不竭动力。只有这样，育人工作者才能实现与网络社会的深度契合，才能更深入地理解学生，促进其全面成长成才，以实现教学相长。因此，五彩融媒致力于构建一个集网络信息生产、传播及技术应用为一体的教师培训平台，以提升网络育人工作者的技术应用能力，进而能够在网络空间中与学生进行更高效的互动，促进网络育人各项工作的落地落实。

一个好的供教师交流和分享经验的平台，不仅要覆盖本校教师，还要拓展至校际的交流，特别要突出名师和权威专家在网络教研中的引领作用。育人工作者可以通过及时分享在网络育人过程中的方法、经验和反思，扩大共性问题的探讨范围，找到同类问题的共鸣点。因此，五彩融媒网络育人体系形成了以大学生网络在线、易班平台等高校网络育人平台为基础，以校园数字化系统为主体的校内办公平台，以及以微信公众号平台、微博等为主体的自媒体平台。这有助于育人者在相互比较和自我反思中，不断汲取有针对性的育人经验，形成网络育人队伍自身"会用网络、擅用网络、用好网络"的交流和成长机制。[1]

二、优化服务管理平台

五彩融媒构建了集学习、生活、工作于一体的"智慧校园"网络社区，提供"一站式"的信息查询、学费交纳、注册离校等服务。学生不仅可以在这个平台上实时互动、表达诉求，还能享受到学校提供的便捷化管理和人性化服务"智慧校园"网络社区在丰富网络育人形态的同时，实现了学生事务的网络化管理和服务管理模式的创新。

---

[1] 李羽佳. 教育信息化时代高校网络育人队伍建设研究[J]. 中国高等教育，2020(24)：31-32.

（一）构建全面覆盖的融媒平台

融媒时代的到来，为高校网络育人工作带来了机遇与挑战。如何实现网络平台的最大驱动力，已然成为高校教育工作的重要议题。五彩融媒网络育人体系不仅对学校综合门户网站进行了全面的升级改造，还同步优化了微博、微信、抖音等多元化社交媒体账号管理。通过构建全面覆盖、多个维度的网络融媒平台，敏锐把握思政育人空间、载体和时效性的变化，以适应大学生的接受特点和思维方式开展思政育人工作，从而既能够在线解答学生学习和成长中的困惑，又能开展各项咨询业务，及时解决学生在学校中的各种现实问题。教师们也能更有效地进行思想引领，共同营造出一个积极向上的网络环境。

为了进一步提升管理效率和服务质量，五彩融媒网络育人体系还特别注重将数字技术应用到学生管理事务中，这样不仅简化了日常管理流程，还提高了相关数据的准确性和时效性。值得一提的是，五彩融媒网络育人体系充分发挥了信息技术的先进性与前瞻性优势，通过全面分析学生的行为偏好、学习需求以及心理素质等方面的不同特点，为网络育人的相关顶层设计与理论研究提供了更为科学、合理的数据支撑。这种以数据为驱动的育人方式，无疑为高校带来更加精准化、个性化的育人体验。

（二）加强协同服务的综合平台

五彩融媒网络育人体系针对目前高校网络育人在服务管理方面存在的主要问题，对照校园网络平台建设管理的相关制度与办法，厘清了网络育人过程中的具体事项与任务,并纳入各职能部门与二级学院的具体职能范畴。该体系明确由党委宣传部牵头负责,相关职能部门与六大二级学院共同发力,合力构建协同服务的综合性网络育人平台,秉承"谁建、谁管、谁服务、谁负责"的理念,确保任务到人、责任到人、落实到人。同时,实行校园媒体年度登记备案制度,加强网络信息发布审核工作,细化信息审核发布流程。对以学校和职能部门、二级学院、群团组织、学生社团等名义开通并经实名认证的微博号、微信公众号、抖音号等新媒体平台账号进行严格审查,未经登记审核备案的新媒体账号,一律停止运营,并将登记备案情况及时发布在校内办公系统,明确网络育人相关平台的职能与相关责任人。五彩融媒网络育人体系高度重视校园网的建设与管理,将其作为高校网络育人的坚实基石和重要保障。通过不断优化和夯实育人平台的基础管理,确保各部门服务管理平台既明确各自职责,又实现高效协作,以实现全员、全程、全方位的网络育人效果。

三、孵化特色主题平台

对于网络育人工作而言,不论是丰富网络教育教学平台,还是优化综合服务管理平台,都是其中必需且常规的环节,但网络育人实践过程又会时刻根据不同需求、对象和背景而发生变化。五彩融媒网络育人体系立足于传媒院校背景属性,致力于打造特色鲜明的主题平台,为师生用户提供更加精细的育人内容,在精准满足其需求的同时,走出了一条独树一帜又成效显著的网络育人创新实践之路。

（一）构建党建引领平台

网络育人作为承载主流意识形态的重要阵地，其政治导向作用不容忽视。因此，构建一个主题鲜明、引领力强大的党建思想平台，对于稳固网络育人的基石至关重要。五彩融媒网络育人体系与时俱进，积极传播社会主义核心价值观，创新马克思主义理论的话语表达形式，努力探索将社会主义核心价值观有效融入网络空间的新途径，旨在广泛传播和深化时代精神。五彩融媒根据中华人民共和国成立70周年、建党百年、党的二十大等特殊的时间节点，举办了一系列主题育人活动，如"百名师生宣誓入党""百年峥嵘·吾辈接力"等，致力于营造一个持续浸润在社会主义核心价值体系中的网络环境，让大学生能够时刻感受到其深刻内涵，从而提升广大学生的思想政治素养。

可以说，高校党内组织生活在信息技术的催化下，变得更便利和高效。五彩融媒网络育人体系高度重视党员群体的网络化管理，精心构建党建引领平台，强化师生党员的监督机制，纯化思想境界；同时致力于组建一支熟知党史、坚守党性、身为榜样的师生网络育人团队，共同营造积极向上的网络育人环境。可以说，五彩融媒网络育人体系在探索新时代网络育人的话语机制、提升网络育人工作的感染力的进程中迈出了坚实的步伐。

（二）打造文化传承发展平台

中华优秀传统文化蕴含着深厚的教育功能和价值，其对人的潜在影响深远而持久。人文精神是一种强调以人为本的精神，强调用文化的力量教导人，这也是增强网络育人亲和力和针对性的关键措施。[1]
五彩融媒网络育人体系高度重视文化在教育活动中的非显性功能，创
建文化创新发展与传播的育人平台，充分融合中华优秀传统文化、湖
湘特色文化、校园历史文化，发挥湖南文化产业优势，用数字化手段
讲好中国故事、传承中华文化。例如，借鉴江西省爱教基地数字化全
覆盖的先进经验，为橘子洲、半条被子的故事、雷锋精神等红色资源
策划云直播、云展览，共建沉浸式云上红色教育空间，打破时空界限
和情感隔膜，培育青年学生喜爱的热门话题和红色人物 IP。

　　为了有效地传播中华优秀传统文化，五彩融媒紧抓关键的时间节
点，以青年学生喜闻乐见且易于接受的形式为基准，不断创新文化传
播的方式，将深厚的文化积累转化为实践育人的有力资源，进一步拓
展主题实践教育基地的功能。同时，将线上文化传播与线下实践活动
紧密结合，使两者相辅相成，形成各具特色且充满活力的文化发展态
势。可以说，五彩融媒网络育人体系巧妙运用信息化语言诠释、媒体
化技术拍摄、网络化平台传播等方式，把中华优秀传统文化转化成青
年学生喜爱的形象，成为激发"Z 世代"文化自信的助推剂，用文化资
源点亮了青年学生的信仰之灯。

---

[1]　张岩. 人文与北京奥运的研究[J]. 科技信息(科学教研)，2008(18)：
567，552.

第 四 节

队伍联动，力量源泉

高校在网络育人方面，既要求有能够把握整体方向的领导力量，也离不开负责具体落实的执行团队，这不仅涉及负责思政教育具体工作的德育团队，还包括紧跟时代步伐、掌握前沿技术的团队。在这个过程中，教师起着关键的引导作用，学生则是这一教育过程中的主体。以上各支队伍，共同推动着高校网络育人工作的具体开展。

一、实现网络育人的横向力量对接

高校网络育人的关键力量在于校内各部门之间以及不同高校之间的横向协作与配合。为了更有效地推进网络育人工作，五彩融媒网络育人体系在内部强化各育人元素协同合作的同时，也积极促进校际网络教育资源的整合与对接。

（一）加强校内网络育人力量的横向协调

高校内部的横向协调涵盖思政教育、应用技术，以及多学科教育资源的整合。为了实现立德树人的教育使命，五彩融媒育人团队深入探究各相关学科交叉领域的思想政治教育资源与素材，加强对思想政治教育规律的研究。同时，注重提高育人队伍在前沿技术力量方面的培养，尤其是应用较为普及的融媒技术、数字技术、人工智能技术等，不断推动思想政治工作的传统优势同信息技术高度融合，从而增强时代感和吸引力。[1]

值得一提的是，五彩融媒网络育人体系并没有忽略传统课堂的常态影响，不仅强调思政教师要贯彻知识与价值观的双重引领，而且要求其他专业课程也需融入育人资源平台中的相关内容，以专业相关案例为引导，聚焦价值引领的实现，进而实现显性教育与隐性教育的双赢。此外，教师是网络育人的核心，因此，建设一支了解学生、精通理论、熟悉传播规律的教师队伍至关重要。五彩融媒育人团队调动了宣传部、学工部、团委、二级学院等多部门教师资源，并加强了对辅导员和专业课教师的培训，以及重视对学生组织和大学生记者骨干的培养，让师生有机会直接参与学校建设与管理，形成师生互动、教学相长的良好氛围。

（二）增强校际网络育人力量的横向对接

在网络与数字技术日新月异、新媒体格局不断被重塑的当下，网络舆论的生态环境正经历着前所未有的变革。为了稳固在网络舆论中的主导地位，高校亟待构建校际的新媒体联盟，以此增强对网络舆论

---

[1]　冯刚，张欣. 深刻把握思想政治理论课理论性与实践性相统一的价值意蕴[J]. 新疆师范大学学报（哲学社会科学版），2019，40(5)：78-84，2.

的引导力，确保在网络空间中的话语权和影响力。五彩融媒网络育人体系充分利用本校牵头组建的全国传媒职业技术教育联盟、中国职业技术教育学会智能融媒体专业委员会、湖南文化产业职业教育集团等平台的资源优势，不断强化校际官方微博号、微信公众号、视频号等平台账号的互动与资源转发，共创育人视频、育人节目、育人作品，共同实施育人活动，成功实现了声音共同传播、资源有效共享、形象共同塑造、价值共同创造的良好局面，为未来的发展奠定了坚实的基础。

在深入探讨高校网络育人管理与服务的过程中，我们必须认识到，尽管不同高校因其独特的学校特色和学生群体特点，在制度措施上存在差异，但网络育人的核心理念和总体规律是普遍适用的。五彩融媒网络育人体系打造了一种创新的校际合作模式，着重促进校际在教学管理、就业指导和后勤保障等领域的全面信息交流，实现了不同高校之间教育经验的分享和融合，从而推动了网络育人工作的协同发展。此外，五彩融媒网络育人体系还积极利用新媒体线上平台，通过校际学生组织的积极参与，推动了信息传播的广度和深度，促进了学生间的互动交流，既为网络育人工作注入了新的活力，也为高校教育模式的创新与发展提供了有益的借鉴。

二、推动网络育人的纵深力量贯通

高校网络育人体系的构建具有清晰的层次性，它不仅要求在横向层面上进行各方资源的协调与整合，还要求在纵向层面上实现各环节的无缝衔接。为了实现网络育人工作的高效运转，五彩融媒网络育人体系持续提升领导层与执行层之间的沟通与协作能力，确保顶层设计与实际操作紧密相连。同时，加强学校官方网站与各院系子网站之间的内容连贯性和信息传递效率，从而形成上下一心、协同发力的良好局面。

（一）增强顶层设计与执行团队的纵向衔接

在高校网络育人过程中，领导的顶层设计和执行团队的具体实施各自发挥着重要作用。领导层面应从思想上高度重视网络育人的重要性，着眼于整体规划，注重顶层设计，合理布局网络育人工作。五彩融媒网络育人体系以宣传部思政课为基础，建立了专门的网络育人工作室，加强对相关部门的指导和支持，明确大学生记者团的职责和人员分工，及时解决网络育人过程中遇到的各种问题，并定期评估和调整网络育人策略，确保工作能够有序推进，达到预期育人效果。

在探讨五彩融媒网络育人体系的实践动力时，我们不得不提及一系列关键的机构和参与者，如专业化的网络育人工作室、功能完备的融媒体中心、高效运作的教学管理中心，以及众多二级学院的教师与辅导员等核心成员。这些主体在领导层的有力引领下，各自承担着明确的职责，并保持着紧密的协同合作，共同致力于推动网络育人工作的深入发展。为了持续提升网络育人的效果，这些实施主体还需定期梳理和提炼实践经验，特别是针对那些具有典型意义的网络育人案例进行深入分析，以便更好地解决可能出现的问题，并推动整体工作的优化和升级。五彩融媒网络育人体系通过定期组织相关工作会议与培训，展开头脑风暴，集思广益，探索提升网络育人效果的方法。通过这种协作和创新，实施层面能够有效执行网络育人任务，促进大学生在网络社会环境中的健康成长，实现高校网络育人的目标。

（二）加强一级官网与二级分网的纵向衔接

高校网络育人不仅包括学校层面的网络育人力量，还涉及院系层面的网络育人力量。五彩融媒网络育人体系致力于发挥学校层面的网络育人力量，以及学校一级官网在思想引领方面的关键作用，尽力避免管理过程中出现"过度干预，一管到底"和"放任自流，不加约束"两种极端现象，确保管理的恰当性和有效性。学校层面的网络育人力量制定总体方向和框架，确保网络育人的统一性和方向性，同时为各院系二级分网提供足够的自主权，鼓励院系在网络育人工作中进行创新和探索，在确定主题的前提下，不限定具体活动的名称和形式。

在内容展示的策略上，五彩融媒网络育人体系特别强调学校官方平台与各院系网站的协作融合。它通过精准的信息规划，防止内容的冗余和单调，确保信息的丰富性和多样性。同时，五彩融媒网络育人体系积极寻求并搭建与学生群体沟通的桥梁，通过引入符合学生兴趣和偏好的内容及呈现手法，如生动的故事叙述、互动性强的问答环节等，以增强内容的吸引力。学校官网应突出价值引领，提供权威性和指导性的内容；院系分网则展示各类活动和成果，形成丰富多彩的内容体系。通过这种协作，学校官网的价值引领性与院系分网的多样性相结合，形成一个全方位、多层次的网络育人体系，从而全面提升网络育人的效果和吸引力，满足师生多样化的需求。

三、强化网络育人的内外力量聚合

网络育人既是高校肩负的时代使命，也是一个需要全社会通力合作才能达成的复杂工程。五彩融媒网络育人体系致力于通过持续提升学校党委在网络育人方面的领导能力，培育大学生的自我约束意识，并强化他们的自我教育能力，从而有效汇聚新时代网络环境下的内外合力，形成共同推动网络育人实效提升的强劲动力。

（一）提高党对网络育人的领导力

高校党委要坚守立德树人初心使命，把网络育人这项工作摆在重要位置。在大思政课育人模式下，五彩融媒网络育人体系坚持以网络思维和创新思维，推动思想政治工作传统优势同信息技术融合，加强学校网络思政育人工作顶层设计，强化"系统、融合、协同"理念，明确学校党委统一领导，宣传部做引导、建平台、整资源、强服务，各二级学院联合定计划、出经验、落台账，大学生记者队伍强责任、提能力、做精品，通过这些网络育人工作分工定位，形成了全员重视网络育人、全员共创网络育人的有效机制，实现了资源互联互通、共建共享。同时，该育人体系坚持以优化制度建设为核心，全面梳理了思想政治教育、"三全育人"、新媒体管理、新闻审核等各方面的制度规定，形成了"学校—学院—专业"的三个制度体系层次，制定形成完整、统一的规章制度，打造了规范、科学的网络育人管理制度体系。

数字网络空间安全是必须直面的重要挑战，其牵涉国家安全和社会稳定。[1] 为了确保网络空间的健康稳定发展，五彩融媒网络育人体系将其监管工作纳入常态化轨道，并定期开展专门的网络空间监管，致力于加强网络空间的监管与治理，尤其重视对网络空间中的虚假、庸俗信息的治理，充分发挥育人平台的警示教育作用，在正面引导和负面批判的力量对比中，打造风清气正的网络生态环境。同时，该体系通过细致入微的经常性思想教育工作和舆论引导工作，引导青年学生形成积极、健康、向上的网络文化观念，有效提高应对网络空间中的负面舆论的能力，从而营造出一个充满正能量、积极向上的网络文化氛围。

（二）加强学生对网络育人的推动力

主动进行自我教育与追求自我完善，这不仅是教育的终极目标，也体现了个人对自我成长的深刻追求。大学生作为网络育人环节中的受教育对象，既具有向教师学习、依赖指导的特性，同时也是自我教育的核心。五彩融媒网络育人体系在育人过程中，充分尊重大学生网民的成长规律，发挥大学生记者在信息传播和舆论引导方面的"排头兵"作用，不断加强大学生记者的政治素质和政治敏锐性，树立他们的角色意识和价值认同，从而培养出能够将党和国家正确导向、学校立德树人根本任务、个人思想认识相统一的学生网络育人队伍，并以此为样本，辐射广大大学生。

五彩融媒网络育人体系巧妙运用了网络社群的影响力，推动了网

---

[1] 何启志，彭明生. 数字时代的有为政府：公共治理的视角[J]. 学术月刊，2024，56（3）：96-106.

络道德共识的形成。该体系通过探索组建以大学生记者骨干、青年学生网络意见领袖为主要成员的网络育人队伍，开展网络安全知识和技能的教育，组织参观传统文化场馆、参与雷锋志愿服务活动、开展公益助农直播等，让学生在真实项目的实操与体验中强化社会责任感，提升自我教育的意识与水平。这种沉浸式、立体式的育人方式，能够使大学生网民在潜移默化中得到成长，更好地实现自我教育与自我完善，以此来带动更广大群体的网络育人协作。

第四章

五彩融媒网络育人体系的实践

五彩融媒网络育人体系通过多年的建设，构建了"校—院（部门）—专业（社团、班级）"三级校园新媒体矩阵建设管理体系，以"每年一档原创、每年数十殊荣、每年百场实操"的理念，打造出一批贴近校园、贴近师生、贴近生活的高质量网络育人作品，并培育了以大学生记者团为骨干的学生网络宣传工作队伍，形成了一系列关于网络育人的理论研究成果。五彩融媒网络育人体系建设了一批具有影响力的校园新媒体，运营的学校官方视频号跻身全国百强，官微蝉联全省高职院校年度前十，师生连续获评全国高职优秀可视化融媒团队，探索出了高校融媒体中心建设的有效路径。

第 一 节

紧扣"红色"文化主题

五彩融媒网络育人体系始终牢记全国高校思想政治工作会议上关于要"运用新媒体和新技术使高校思想政治工作活起来，推动思想政治工作传统优势同信息技术高度融合，增强时代感和吸引力"[1]的指导性意见，牢固坚持党对高校意识形态工作的领导权，充分发挥学校作为传媒类高职院校的专业优势，实现"专业+思政"，用以"红色"为代表的中华优秀传统文化占领网络阵地，通过前沿技术、数智媒体，

---

[1] 韩燕飞. 加强媒体融合，使高校思想政治工作活起来[J]. 传媒论坛，2019，2(19)：114.

展现红色育人资源的价值意蕴，创作与时代合拍、符合青年大学生心理诉求的网络育人产品。

一、做好顶层设计，形成育人合力

五彩融媒网络育人体系依托学校党委宣传部建设、管理的学校融媒体中心，每学期初研判年度育人热点，围绕践行社会主义核心价值观，弘扬革命文化、中华优秀传统文化、社会主义先进文化，制订"红色"主题校园网络文化育人产品创作计划，即"红色"主旋律把控计划（图4-1），并下达给各专业作为生产实训项目。相关专业教师成为网络育人产品的指导者与把关人，实现既教书又育人的双重目的。学生既是专业实践技能的训练者，又成为育人产品的生产者，在专业学习中接受"红色"主旋律文化的教育。"红色"主旋律文化成为网络阵地的重要内容，有效提升了网络思政的引导力、影响力，推进思政教育既走实又走心，参与师生在接受思政教育的同时，又锻炼了专业技能，有效实现"专业+思政"的育人模式。

二、聚焦时代主题，原创融媒产品

五彩融媒网络育人体系聚焦中华人民共和国成立70周年、中国共产党成立100周年、党史学习教育、"四史"宣传教育、乡村振兴等主题，策划、创作了一系列大型融媒网络视听节目。2019年"十一"推出的《我和我的祖国》微视频、2021年"七一"推出的《东方红》音乐

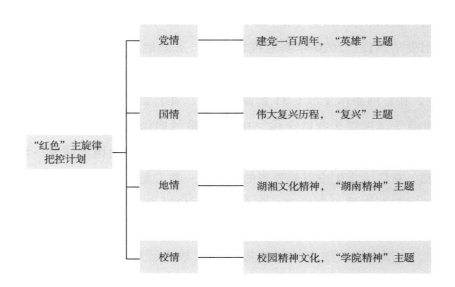

图 4-1　"红色"主旋律把控计划

电视（MV），从选题策划到拍摄制作，由传播与策划、影视编导、播音主持、音乐表演、摄影摄像、广播电视节目制作、影视动画、数字媒体技术、新闻采编与制作等各专业师生共同完成，实现了多专业、大调度集成作战。推出的视频一经发布，迅速成为"爆款"育人产品，发布当日官微点击量均突破 1 万。同时，该育人体系每年利用清明、端午、中秋、春节等传统节日，制作发布了一系列以弘扬爱国主义、中华孝道、家国情怀为主题的网络育人产品。2022 年，该育人体系还策划制作了"画意工坊"人物形象专业毕业设计网络展，在服装设计、化妆造型、摄影摄像、灯光舞美、后期特效、音乐舞蹈等环节，集中学校多专业学生共同参与，将中华优秀传统文化与年轻时尚的元素相融合，以真人演绎的形式还原了《山海经》、敦煌壁画中的形象，以及《捣练图》《簪花仕女图》《韩熙载夜宴图》等传世名画中的人物形象。这一活动在《中国青年报》旗下的中青校媒等新媒体平台上连续报道，引发了热议。2020年新冠疫情期间，五彩融媒网络育人体系充分利用官网、官微等网络平台，宣传疫情防控知识，并做到"停课不停学"，在官网制作发布了31篇原创新闻，在官微推出了习近平总书记给北京大学援鄂医疗队全体"90后"党员的回信大讨论、疫情防控手册、给全校师生的一封信、云毕业典礼、留学生为中国加油等一系列专题，在广大学生中引起强烈的反响，一些专题被学习强国、新湖南、红网等新媒体平台转载。不仅如此，2021年党史学习教育年期间，该育人体系推出了由各级党组织负责人讲述系列微党课《书记说党史》，由播音专业学生录制的党史"微"故事音频《众听》等。2022年，五彩融媒网络育人体系推出了以"献礼党的二十大"为主题的大型融媒党史节目《电影里的中国》，新湖南、湖南教育新闻网、红网、《三湘都市报》等近30家主流媒体对此进行了报道。

三、发掘先进典型，讲好身边故事

项目依托以学校微信公众号为主，抖音、微博等平台配合的新媒体矩阵，积极发掘学生中的先进典型，打造校园"网红"，用身边人、身边事激励学生健康成长，传播校园正能量。校园新媒体矩阵的运维学生团队成员细致观察校园中受学生热议的对象、话题，紧跟校园热点，捕捉"网红"潜质题材，充分利用可调动的校园媒体资源，让其在校园媒体中"红"起来，从而进一步吸引更多人或社会媒体的关注，做到紧跟校园焦点、深挖校园生活，综合运用多种媒体渠道和形式，以网络受众喜闻乐见的人性化、趣味化等表现手法来打造校园"网红"，传播校园正能量。[1] 2019 年以来，融媒体中心先后推出了一系列学生榜样人物，包括向省委召开的座谈会上做经验介绍发言的全省大学生志愿者、"情牵脱贫攻坚"主题实践活动先进代表雷东，登上《人民日报》、参加国庆 70 周年盛典天安门广场群众游行民族团结方阵的、少数民族代表王静蕾，湖南省首届"最美大学生"赵佳成，疫情期间积极投身防控志愿服务、登上《湖南新闻联播》的优秀志愿者吴卓凡，寒假期间坚守山村每日完成 8 小时志愿服务的抗疫志愿者方润芝，春节期间坚守在春运一线、志愿服务时长超 1000 小时、被多家媒体争相报道的卿培明，北京冬奥会参与赛事场馆设备维护服务的志愿者彭相玉、杨宽，见义勇为、勇救突发重病的出租车司机的盘晨玉，等等。这些人物事迹通过校园网络媒体矩阵发布，在广大学生中树立了先进典型，这些充满正能量的身边人、身边事感染、激励着学生。

典型案例

让经典"活"起来："盛世千年·华夏之卷"

一个不到 4 分钟的短片里，从《山海经》中的珍禽异兽形象，到敦煌壁画里的"飞天"造型，再到《捣练图》《簪花仕女图》《韩熙载夜宴图》等传世名画中的人物形象，一帮高职学生"神还原"了这些经典而鲜活的形象。惟妙惟肖的妆发，一气呵成的演绎，精准细致的布景，学生们在老师的指导下各司其职，让经典形像一个个都"活"了起来，也成就了湖南大众传媒职业技术学院 2022 年的爆款毕业设计。（图 4-2）

---

[1]　郑建芸. 网红时代高校思想政治教育面临的挑战与对策[J]. 湖北开放职业学院学报，2020，33(15)：99-101.

图4-2 "盛世千年·华夏之卷"成果展示

　　这场毕业设计以"盛世千年·华夏之卷"为主题，时空跨度非常大，从上古时代到清代，从华夏到西域，类型也囊括了绢画、壁画人物，如何深度还原和创新复刻，对学生们来说是一个巨大的考验。

　　作为湖南省最早开设人物形象设计专业的高职院校，湖南大众传媒职业技术学院参与制定了全国人物形象设计教学标准，该专业也成了教育部职业形象代言活动中，全国唯一的人物形象设计领域代表。学校教师多次在全国职业技能大赛、全国高职教师信息化教学大赛中获得一等奖、二等奖，指导学生多次获得省技能竞赛一等奖、二等奖，并曾经带领全国唯一一支人物形象设计专业的竞赛队伍晋级国赛。

　　在以往人们的印象里，传统文化和新时代的融合度并不高，然而我们惊喜地发现，有越来越多学生开始关注、喜爱中华优秀传统文化，这场毕业设计的创意其实也源自学生。随着传统文化纷纷出圈，不少中华优秀传统文化融合了更年轻、更时尚的元素，重归公众视野；但是要让复刻作品能够散发当年的文化气息和曾经的古韵，全方位展示中华优秀传统文化精髓和价值，并非易事。这场创意展演的制作团队之一是学校的"指尖匠工作室"，该工作室不仅聚焦于承接项目，更着力于培养具备双师素质的教师团队，在真实项目中磨炼学生的专业实践技能。

　　从参与"汉语桥"世界大学生中文比赛、湖南省大学生公益广告大赛等大型赛事的主视觉设计，到日常教学中将非遗和传统文化元素加入课程教学，培养学生的工匠精神与创新能力，湖南大众传媒职业技术学院对文化传承与创新的重视可见一斑。其教师指导学生以传统文化元素为基础创作的文创设计作品，在全省乃至全国的许多赛事中都拔得头筹。

五彩融媒育人团队作为这场展演的策划团队，认为修订后的《中华人民共和国职业教育法》更加强调德技并修、工学结合的育人机制，于是将这场展演当作一次崭新的尝试。[1] 作为一所面向文化产业、传媒行业的职业院校，又是湖南省"三全育人"综合改革试点高校，势必要更多地发挥专业优势，将传统文化进校园与专业技能训练结合起来，育德与修技并重，从而烙下学校"大课堂思政"的鲜明印记。

 **育人成效**

融媒体中心 2021 级大学生记者　王志豪

当融媒体中心的指导老师通知我参与这个项目时，其实我的内心是有些许抵触的。我心想不外乎是"新壶装旧酒"吧，实在是见过太多打着"中华优秀传统文化创新表达"的幌子，却没有做出实际效果的案例。但当我真正走近片场，内心真的被震撼到了。

那是一个腊月寒冬，近 30 名学生模特穿着单薄的古装、化着精致的妆容，在专任教师的指导和同学的帮助下，一次又一次地反复练习着一个又一个动作。当融媒体中心的伙伴把背景和灯光布好后，我迅速调整好了自己的机位和焦段，并通过现场音响开始播放乐曲《遇见飞天》。那一刻，绿幕前是同龄人沉浸式的完美演绎，镜头里是熠熠生辉的中华文明！

对于当时大二的我而言，这是第一次身临其境地感受到"文化自信"这四个字沉甸甸的分量。不得不承认，很多时候我们会流连于网

---

[1] 王晶晶. 高职艺术类院校"德技并修、工学结合"育人机制的研究[J]. 天津职业院校联合学报，2020，22(3)：79-83.

络世界，认为那才是属于我们"00后"的天地，但在融媒体中心一次又一次"传播正能量，弘扬主旋律"的真实宣传项目中，我逐渐认识到自己的优势与劣势，开始思考自己的职业规划，并慢慢感悟到"国之大者"的深刻含义。面向新一代的受众群体以及日趋多元的受众需求，选择更加贴近当下年轻人的认知特性进行中华优秀传统文化的创造性表达，我想，这应该就是属于我们这一代传媒人的使命与担当。

人物形象设计专业 2019 级学生　徐亚闻

这场毕业设计，从策划布景到服装设计，从化妆造型到场景演绎，我们近50名学生在专业老师的指导下，精心准备了大半年时间。而这场"视频秀"的摄影、舞美、灯光、后期特效乃至音乐的选取等环节，更是集中了学校多个专业大学生的参与。

我选择创新复刻《山海经》里面的旱魃，但是旱魃没有具体的图像可参照，人物形象设计只能参考史书的文字记载。为了更符合旱魃"身着青衣，象征干旱"的形象，我在老师的指导下选择用肤蜡模拟"土地裂开的纹路"敷在模特脸上，并反反复复调整了很多次。我的同学林娜参照《捣练图》里的一个女童，精心设计服饰头饰、复刻妆容，反复打磨改进，最后成品让大家直呼"简直就是画里的人走了出来"。模特演绎这些传统人物怎样才能惟妙惟肖？指导老师和学生们就这些人物的文化背景与仪态举止进行了深入的探讨，并参考了大量的文图资料。

谁说艺术类专业没有工匠精神？我们从每一挼头发到每一道妆容，甚至是一个细小的配饰，都是严格按照画里的样式亲手制作的。老师们要求我们一定要精益求精，做到极致，我想，这就是工匠精神！这种项目化的学习方式，让我们在妙趣横生的体验中检验和提高了自己的专业技能，还获取了更多的中华传统文化知识，真是收获满满。

第 二 节

建设"蓝色"智慧校园

五彩融媒网络育人体系构建期间，学校投资 2000 余万元，着力建设"蓝色"智慧校园，推广普及前沿传媒技术，改善网络基础环境，进一步完善校园有线网，搭建了千兆桌面、万兆主干的无阻塞网络，建成了集"教、学、做、训、创、研"为一体的高水平实习实训基地，为育人工作的开展奠定了坚实的基础。因此，这一计划也被称为"蓝色"技术支撑计划。（图 4-3）

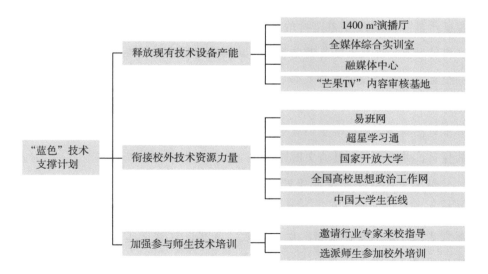

图 4-3 "蓝色"技术支撑计划

一、依托智慧校园建设，改善网络育人技术环境

学校建设了智慧校园数据中心，以云计算、高性能存储等先进技术为基础条件，建设计算、存储资源池，升级扩容智慧校园一卡通系统，建成了统一的校园业务中心办事大厅和一站式校园服务中心，实现信息推送、事务办理、移动支付等服务的应用，并根据教师、学生、校友、家长等不同角色提供精准服务，为师生提供便捷的学习与生活服务，整体提升学生在校幸福感和安全感，为各类信息化的应用及融媒体条件下的网络育人提供了技术与平台支撑。学校投资 1500 万元，建成了实景演播与虚拟演播结合的全媒体综合实训室，利用先进的 VR/AR 虚拟现实系统，作为全媒体交互式中心，包含 AR 实景演播、VR 虚拟演播、VR 互动技术等，为学生提供网络育人综合性的技术平台和创作空间。2019 年至 2022 年，学校共投入 200 余万元，完成了融媒体中心的建设与提质改造。2019 年，学校完成了占地 150 平方米的融媒体中心建设。中心设在校内的地标性建筑——演播楼内，该楼是教育部中外语言交流合作中心设立在湖南的国际汉语言文化传播基地，同时也是湖南广播电视台节目生产基地，涵盖了制作区、策划研讨区、视频演播间、校园广播电台直播间、中控平台等。2022 年，学校投资 100 余万元启动了融媒体中心提质改造项目（二期）建设，对融媒体中心设备、设施进行升级换代。

二、打造"一体化"融合生产模式，实现"三屏"联动

五彩融媒网络育人体系构建工作以 2019 年 6 月教育部启动开展教育系统融媒体建设试点工作为指导，着力探索适合高校功能需求的融媒体中心建设，提升网络育人的传播力、引导力、影响力、公信力。[1] 五彩融媒紧贴高等职业教育人才培养规格，以培育全媒体人才为核心，基于技能训练、思政工作、新闻宣传三个着力点，形成集"专业实训+网络思政+新闻宣传"于一体的育人模式。在融媒体中心建设中，其空间环境模拟项目真实环境搭建，硬件环境和软件环境则采用大中小"三屏"联动的模式，即宣传管理部门的舆情监控"大屏"、校园新媒体运维学生团队的工作"中屏"和万千受众的终端"小屏"。五彩融媒网络育人体系按照"一体化"融合生产模式，打破"报""广""电""网""微"等校园媒体板块分割运作模式，建立了校园网络新媒体矩阵，将融媒体中心建设成正能量的发声器、网络文化育人产品调度中心；探索建立了"三屏"联动机制，统筹选题、采编、制作和发布，打造"一体化运行、一体化培育、一体化呈现"的融合生产模式，实现"一次采集、多元生成、多渠道传播"。[2]

---

[1] 徐燕华. 立德树人办学理念下的高校融媒体中心建设机制研究[J]. 苏州科技大学学报（社会科学版），2023，40(3)：95-100.

[2] 龚曦. 大学生数字素养培育路径探究[J]. 新闻研究导刊，2022，13(11)：47-49.

三、利用专业传播技术，开设线上线下思政课堂

五彩融媒网络育人体系充分发挥传媒职业院校专业优势，利用先进的网络直播、虚拟现实等技术，着力开发"线下专业实践+线上网络思政"的育人模式。在重大主题宣传中，融媒体中心组织实施大型主题活动微直播，多专业参与联动，形成了校园文化活动直播的常态机制。项目立项建设三年内，共举办大型微直播 8 场。2019 年 9 月 29 日，作为学校"庆祝中华人民共和国成立 70 周年"大型主题活动的重要内容之一，融媒体中心实施了"青春告白祖国"大型主题网络直播，4000 余名 2019 级新生在党委书记的带领下，面向国旗向祖国告白、宣誓，带来了一堂别开生面的大思政课。除此之外，融媒体中心还组织了以下大型微直播：2020 年 10 月新生军训阅兵式直播、2020 年 12 月学校建校 20 周年庆祝大会暨文艺演出直播、2021 年 6 月百名大学生新党员"青春向党"入党集体宣誓直播、2021 年 7 月 1 日与山河智能装备有限公司联合举办的庆祝中国共产党成立 100 周年大会直播，以及每年一届的校园运动会开幕式直播等。先进的技术手段确保了良好的直播效果，除在校师生，许多家长、校友都争相收看，后台数据显示，收视覆盖面包括全国 29 个省、自治区、直辖市，单场直播期间现时观看人数达到 51.2 万人次，直播后回看浏览量达 10 万以上。2022 年 7 月 1 日，为庆祝党的生日、献礼党的二十大的全新虚拟现实技术网络融媒视听节目《电影里的中国》，通过学校官方微信公众号、抖音号、微博号等新媒体平台同步播出，实现了校园融媒体传播的技术突破。

典型案例

生动的开学第一课："青春告白祖国"

随着学校党委书记带领全场师生举起右手、面向国旗庄严宣誓，随着校长用"以梦为马、逐梦前行"的寄语、送给学生们追逐梦想的三个"锦囊"，在新中国成立70周年的前夕，在学校体育馆，4000余名2019级新生和他们的老师、学长一道，聆听了一堂不一般的大思政课。

这堂大思政课在雄壮的国歌声中拉开帷幕。校长代表学校全体师生员工，向2019级4031名新生表示热烈欢迎，并给全体新生分享了追逐梦想的三大攻略：心系祖国，把爱国主义情感深植内心深处；志存高远，在学校成就更好的自己；心中有爱，在生活中做一个温暖的人。希望大家从今天起，能开启一段以梦为马、逐梦前行、无怨无悔的奋斗之旅。（图4-4、图4-5）

图4-4 "青春告白祖国"活动现场一

图 4-5 "青春告白祖国"活动现场二

在大思政课期间，还举行了庄严的"国旗下宣誓"活动（图 4-6），学校党委书记带领全体师生，在五星红旗下庄严宣誓。在随后举行的"青春告白祖国·热烈庆祝中华人民共和国成立 70 周年"合唱比赛中，来自各二级学院的 1200 名学生组成的 6 支合唱队伍登台演唱，用青春向祖国告白，用歌喉向中华人民共和国成立 70 周年献礼，祝福伟大祖国繁荣昌盛。

图 4-6 "国旗下宣誓"活动现场

比赛从嘹亮的《大中国》的歌声中拉开序幕，《今天是你的生日》《团结就是力量》《爱我中华》《我们走在大路上》等一首首深情的歌曲，唱出了学校全体师生对伟大祖国的美好祝愿，凝聚起"不忘初心、牢记使命"的磅礴力量。在活动的最后，全场师生近5000人齐唱《歌唱祖国》，更是把活动推向了高潮。

作为学校当时正在深入开展的"不忘初心、牢记使命"主题教育活动的一个重要内容，本次活动由学校党委主办，宣传统战部、学生工作部、团委承办，各二级学院党总支认真准备、精心排练，整个演唱气势磅礴，情绪饱满，展现出学校师生良好的精神风貌。活动还充分结合传媒院校特点，由融媒体中心进行了全程现场直播。宣传统战部精心设计，量身定制了此次直播盛宴。（图4-7）

图4-7　融媒体中心工作人员工作场景

融媒体中心的大学生记者们在老师的指导下，学以致用，采用新技术、新设备、新方式，使整个活动更富有传播性与观赏性，提升了外界对我校的关注度，获得了学校师生和社会各界，特别是学生家长的一致好评，赢得了网友们的纷纷点赞和广泛宣传。

融媒体中心 2017 级大学生记者　陈晓慧

"青春告白祖国"是一场为庆祝中华人民共和国成立 70 周年举办的合唱比赛，同时也是 2019 级新生的开学典礼。这场活动既是用歌声向祖国进行的深情表白，又是入校新生上的第一堂与众不同的大思政课。来自 6 个二级学院的 4000 余名 2019 级新生齐聚学校体育馆，现场可以用"人山人海"来形容。与此同时，场景如此之大以及环节如此之多，都为我们的宣传工作带来了不小的挑战。

作为负责本次宣传工作的学生记者，我带领小伙伴们到现场进行了提前踩点，完整地跟了一下午的活动彩排，明确了每个人在现场的分工，划分了拍摄人员负责的工作区域。但是由于体育馆较大，负责拍摄的小伙伴提出了人手不够的问题，于是我与部分负责文字的同学主动提出可以辅助进行拍摄。同时，为了保证宣发的时效性，我提前与负责排版的小伙伴确定好了排版的样式和呈现效果，参考和学习了大量的优秀排版模板。

我们事先仔细规划了整个活动的每一项议程，逐项讨论了其中涉及的每一项工作，以及可能会出现的问题。在拿到每支参赛队伍的歌曲后，我带领大家把歌词和歌曲背后的创作故事都集体研读了一遍，为的是呈现最好的拍摄和撰文效果。在这个过程中，大家不自觉地哼唱起了一首首经典的红色歌曲，沉浸式进行了宣发筹备。

在整个过程中，我不断学习，收获了许多自己不擅长领域的知识，明白了作为一名新时代的新闻专业学生，要融会贯通各项技能。能够参与本次活动的宣传发布工作，我由衷地感到骄傲，庆幸能够与优秀的小伙伴一起合作，在出色地完成宣发工作的同时，也提高了自己的政治觉悟和政治素养。

融媒体中心 2018 级大学生记者　王竞楷

"青春告白祖国"是由融媒体中心牵头组织的，在中华人民共和国成立 70 周年之际，隆重举办的一场别开生面的国旗下的思政课。这堂课不同于以往课堂上老师讲课的方式，而是由学生们用自己嘹亮的歌声来"授课"，用青年的担当与坚定的信念来演绎对祖国最美的告白。

在这次活动中，我们融媒体中心大学生记者们在老师的指导下，采用了新的技术、新的设备、新的方式，为的就是让整个活动更富有传播性和观赏性。在活动正式开始的前一天，老师组织我们召开了一个筹备会议，安排了每个成员拍摄的固定区域，保证每个地方的细节都能捕捉到。学长学姐也给我传授了他们以往的拍摄经验，这让我原本悬着的心渐渐踏实了下来。

活动当天，我与现场的同学们共同感受合唱带来的震撼的同时，肩上还承担着一份大学生记者团的工作任务。数千名同学井然有序地在体育馆内就座，我也站在了自己负责的拍摄区域。面对满场的"中国红"，我在不禁发出惊叹的同时，内心也被深深地感染着。当同学们高亢而雄壮的歌声响彻整个体育馆时，我莫名地就充满了力量，不顾自己是一名新手，扛起相机"咔咔咔"不停地按下快门键，只为记录下这一幕又一幕神圣而庄严的时刻。在拍摄之余，我还在直播导播台上跟着学长学姐学习了不少技能。

　　作为传媒学子，我不知要经历多少大大小小的活动，攒足多少的实战经验，才能驾轻就熟地完成工作。但我坚信，只要心中有信仰，脚下有力量，就一定能走出一条属于自己的路。

第 三 节

坚持"绿色"办网用网

　　五彩融媒网络育人体系利用融媒体中心平台，依托党委宣传部的体制优势，从全校6个二级学院中遴选各专业优秀学生，通过技能培养、涉网培训、项目实操等形式，以跨专业联动的实验班模式，培育了一支高水平的学生网络育人队伍。在五彩融媒网络育人体系中，大学生记者不仅仅是学校网络育人的工作对象，也是学校网络育人作品的生产者，有这样的双重身份加持，该育人体系的育人成效越发显著。五彩融媒网络育人团队坚持"绿色"办网用网，开启了"绿色"网络文明素养培育计划。（图4-8）

一、打造融媒运维团队，建设学生网宣队伍

　　五彩融媒育人团队每年从全校各专业学生中遴选思想品德好、专

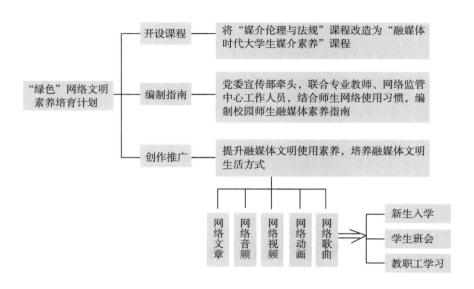

图 4-8 "绿色"网络文明素养培育计划

业能力强的人员，组建 50 人规模的传媒通讯社大学生记者团，并以其为骨干，组建了一支规模稳定在 150 人左右的政治素质好、热心宣传工作的学生网宣队伍。这些学生分布在全校 6 个二级学院，几乎涵盖所有传媒类专业，承担网络产品的策划、摄制、演出、制作以及推文撰写、发布等各项工作，并由各个年级组成梯队，以老带新，赓续网络思政基因。传媒通讯社成员统一形象，身着"黄马甲"活跃在校园的各个角落，无论在思想品德、专业能力，还是职业敏感上，都成为学校立德树人实践者。特别是在 2022 年 3 月校园疫情闭环管理期间，融媒体中心团队主动配合学校，开展舆情监控、正面引导，拍摄制作闭环管理中师生的工作、学习和生活花絮，在学生公寓区大屏坚持每天为学生播放红色经典电影，有效化解了学生们因闭环管理带来的焦虑情绪，成为当之无愧的"绿色"办网、文明用网的学生网宣队伍，并成为校园里一道亮丽的风景。

二、加强网络业务培训，培育积极向上的网络文明

五彩融媒育人团队面向全校学生定期开办涉网培训，针对学生干部、学生记者、涉网学生社团等不同对象，积极开展意识形态安全、新媒体运营、推文写作、摄影技巧等政治素质与业务能力培训，持续开展好一年一度的网络安全宣传周活动，会同学校属地长沙县网信办开展网络安全宣传，培养学生的网络安全意识、舆情鉴别与监控能力，提高网宣工作队伍骨干的素质与履职能力。五彩融媒网络育人体系通过智慧校园平台及时监控网络舆情，维护网络意识形态安全，及时清理不良信息，严密防范和抑制网络意识形态渗透，为学生形成正确的世界观、人生观和价值观营造出良好的网络育人环境；将学校融媒体中心与易班发展中心同步建设、合署运营，选拔各专业优秀学生参与中心的运营，利用网络育人产品创作实现专业实训和思政育人相结合；在思政理论课和专业课中，注重突出传媒职业道德、伦理法规和媒介素养等知识模块；定期开展预防"校园贷"等防范网络诈骗的教育，培养学生网络安全意识，提高其信息甄别能力。

三、加强网络阵地管理，组建三级校园新媒体矩阵

五彩融媒育人团队在项目建设方案中充分考虑校园新媒体的建设与管理，修订了学校《校园新媒体管理制度》《校园新闻宣传管理制度》等一系列制度；加强学生涉网社团管理与指导，每学年初的9月，对学校内

所有校园新媒体进行登记备案、核查和注册，形成了 60 个左右规模的由
"学校—二级学院（部门）—专业（学生社团、班级）"三级校园新媒体组成
的网络宣传矩阵。全校的"两微一端"由党委宣传部统一集中管理，其中
校级新媒体由宣传部管理，其他每个校园自媒体均指定有责任部门和 1
名以上的指导老师，负责审核新媒体信息发布，对意识形态进行把关。
在校党委宣传部的指导下，五彩融媒开展了丰富多彩的线上线下互动活
动，推动了网络文明建设，培养了健康的网络生活方式。

📺 典型案例

我为家乡的电商致富代言公益片：《橙风破浪》

2020 年是中国全面实现第一个百年奋斗目标的决胜之年，也是脱
贫攻坚战的收官之年，具有里程碑的意义。在全国多省市开展"以购
代捐，消费扶贫"活动的背景下，《橙风破浪》（图 4-9）公益片应运而
生。该片讲述的是发生在怀化溆浦的一个大学生毕业后回到家乡，利
用所学知识，发挥本土特色，带领父老乡亲用电商改变出路的动人故
事。该片曾获湖南省第六届原创视听大学生公益广告三等奖，湖南省
第七届大学生公益广告大赛二等奖。

 育人成效

融媒体中心 2018 级大学生记者　陈大森

《橙风破浪》是一部以橙子为"主角"的短片，讲述的是在国家脱

图 4-9 《橙风破浪》拍摄场景

贫攻坚战的大背景下，发生在怀化溆浦的一个小故事。最开始，我与
王竞楷、戴志宏两人进行讨论，想着整个短片围绕助农扶贫展开，但
由于各种原因，最终将其定位为轻剧情的公益短片。

为什么会选择溆浦？因为这里是我的家乡，同时也是我们学校精准扶贫帮扶村所在县。在拍摄前期，我们就如何定位短片、拍摄手法、突出主题等方面进行了多次讨论，最后请教老师后才定稿。确定大方向后，我们便驱车前往溆浦进行拍摄，但在拍摄过程中，我们发现有很多地方与之前设想的不一样。因为时间比较紧，我们只能尽可能地按照原定脚本进行拍摄，尽可能多地采集可能用得到的画面。在拍摄的一周时间里，我们都是天还没亮就起床，顶着大太阳在满是橙子的果园里寻找机位，一拍就是一整天，到了晚上再接着复盘，这就是那段时间的日常。虽然我们在拍摄过程中已经尽可能多地采集备用画面了，但在剪辑时还是发现了许多地方存在不足。这是我们拍摄之前没有花很多时间踩点导致的，所以最后成品出来没有那么完美。

经过这次拍摄，在感叹精准扶贫之路着实不易的同时，我也学到了很多经验：有些工作在前期准备好，后期会省掉很多麻烦；拍摄现场存在着很多不确定因素，如何随机应变、因地制宜是对拍摄人员的一大考验。一个呈现宏大主题的好片子出来，背后绝对是经过了千万次的打磨。只有沉下心来，与团队默契配合才能创作出好作品。

融媒体中心 2018 级大学生记者　王竞楷

《橙风破浪》这部片子是在怀化溆浦拍摄的，大背景是扶贫助农的热潮。我与陈大森、戴志宏一起拍摄此片，并参加了湖南省第七届大学生公益广告大赛，获得二等奖。

在前期策划的时候，我们几人最初想的是创作一个助农扶贫的故事短片，可是因为各种条件的限制，实施起来太过于烦琐，耗时、耗力、耗材，随即就停止了这个方向。后来老师找到了我们，与我们讨论了一番，认为可以拍摄一个轻剧情的公益广告片。在此之后，我们对整个画面进行了探讨，觉得可实施性比较高，随即就确定了这个大方向，并立马对整个框架进行细节内容的填充，将画面和故事整合得更加饱满。我们前前后后用了将近一个月的时间，才把具体的脚本确定下来。

为了确保拍摄效果，指导老师还帮我们邀请了一位已经毕业的学长一同前往。我们一行四人，从长沙驱车近5个小时前往溆浦。由于我们没有太多时间踩点勘查机位，只能尽可能按照我们最后的既定脚本进行拍摄。到了一个拍摄地点，不管能不能用得上，先把我们需要的画面拍下来，最后进行整理归纳。拍摄的那几天里，我们每天早出晚归，为了让画面更加丰满，我们在日出之前就要去拍摄江景风光和橘园空镜，还要扛着拍摄设备跋山涉水找果农沟通拍摄细节。

通过这次拍摄，我懂得了制作一个短片不是那么容易的事，要合理制订拍摄计划才能规避后期问题。同时，我很感谢有这么一次机会去完成一个这样有意义的作品，这是对我很有益的一次心智磨炼。

第 四 节

弘扬"橙色"湖湘文化

五彩融媒网络育人体系将弘扬"橙色"湖湘传媒文化列在极为重要的位置。"橙色"不仅传承和展示了湖南丰富的历史与文化遗产，同时融合了现代传媒的创新性与活力，能够显著提升学生的文化自信和地域身份认同。通过网络平台的运用，湖湘文化能以更快的速度和在更广的范围内传播，并能有效地加深学生对本土文化的认识与热爱，激发他们的创造力和执行力，有助于培养具备国际视野和强烈地方特色认同的复合型人才。因此，五彩融媒网络育人体系开展的这一系列实践，又可称为"橙色"创意点亮计划。（图4-10）

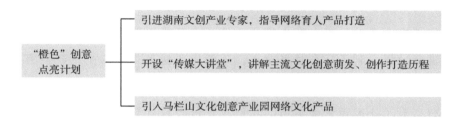

图4-10 "橙色"创意点亮计划

一、聚焦"内容为王"规律

五彩融媒网络育人体系遵循"内容为王"建设原则，紧密结合时代热点、时代精神，聚焦校园故事、校园声音，以"每年一档原创、每年数十殊荣、每年百场实操"的理念，积极培育青年学生喜闻乐见、形式多元、内容丰富、紧贴生活的网络育人产品，打造出一批贴近校园、贴近师生、贴近生活的高质量网络育人作品。例如，举办"演艺坊""声音工厂""画意工坊"等高雅文化进校园的网上微直播，开发以"中华优秀传统文化"为主题的微课堂，开展迎合重要时间节点的主题性线上线下网络育人联动活动。通过不断丰富活动形式，聚焦产品特色，力求让网络育人工作"沁入心田"。

二、培育湖湘育人产品

五彩融媒网络育人体系充分利用学校作为湖南广播电视台节目生产基地、国际汉语言文化传播基地的产教融合优势，结合传媒类高职教育的特征，培育出一批具有湖湘传媒文化特征的网络产品。该育人体系建设了网上思政课堂，实现公共文化设施全媒体呈现；实施网络文化学生创作计划，积极参加湖南省大学生公益广告大赛、数字视频（DV）大赛等，生产出一系列精品网络图文、微视频、公益广告、创意设计等属地特色鲜明的网络育人产品；制作社会主义核心价值观的湖湘卡通宣传手册；举办校园网络文化艺术节，开展年度校园网络文化育人优秀成果展示，鼓励师生利用专业所长传播湖南好声音。

三、依托"汉语桥"赛事

学校连续十几年承担"汉语桥"世界大学生中文比赛协办工作。依托这一平台，融媒体中心深度参与"汉语桥"赛事宣传，学校官微、官网在赛事期间密集制作、发布的网络宣传产品，以多种形式、多种媒体渠道向海内外宣传推介了中华文化。团队的"汉语桥系列宣传报道"获得湖南省教育厅2019年度教育好新闻三等奖。2020年起，"汉语桥"系列赛事因疫情影响停止线下活动，五彩融媒育人团队充分发挥网络传播的优势，着力打造线上"汉语桥"。2022年，五彩融媒网络育人团队承担了由教育部中外语言交流合作中心举办的"汉语桥——

感悟中文魅力·云赏湖湘文化"线上冬令营的课程开发和课堂教学管理工作，并在线上为世界各地汉语爱好者讲授中国文化课"长沙——世界媒体艺术之都"。育人团队中有成员担任了教育部中外语言交流合作中心、中文联盟"国际中文日""同唱中文歌"网络视听比赛指导教师，后来还被评为优秀指导教师。这都成为网络国际传播的新名片。

典型案例

用原创力量讲好湖南故事：《侗乡大医》

由湖南大众传媒职业技术学院师生打造的原创话剧《侗乡大医》（图4-11），旨在用湖南的典型人物、典型事迹激励青年学生，荣获第八届中国校园戏剧节优秀剧目奖。

图4-11 《侗乡大医》

这部大型舞台剧根据第六届、第七届"全国道德模范"提名奖、"全国十大最美医生"、全国诚实守信"中国好人"、"感动湖南"十大人物、"全国文明家庭"获得者杨文钦和扎西志玛夫妇的真实事迹进行改编，主要讲述了来自湖南侗族的杨文钦和来自四川藏族的扎西志玛两位少数民族学生的故事。他们受惠于党的民族政策，从老少边穷地区到北京学医，学成后主动放弃北京的优越条件，回到当时缺医少药的湖南怀化市新晃侗族自治县，几十年如一日扎根农村，走遍了侗族700多个村寨，出诊30多万次，挽救了无数人的生命，被当地人亲切地称为"侗乡大医"。[1]（图4-12）

图4-12　《侗乡大医》演出场景

［1］　史雅欣.侗乡大医［J］.艺海，2021（4）：3-26.

在湖南省文化和旅游厅、湖南省教育厅、湖南演艺集团、长沙市文学艺术界联合会指导下，在湖南省话剧团帮助下，湖南大众传媒职业技术学院排演团队高效率运作，仅用一个月时间就将这部七个场次、总演出时长达110分钟的话剧排演完成，并通过审查演出。《侗乡大医》这部舞台大剧，取自现实题材，源自农村、反映基层，与乡村振兴同心、与文艺繁荣共谋、与时代发展同行，用原创力量讲好湖南故事，讲好中国故事，弘扬湖湘精神，弘扬红色精神，立足打造出湖南文化强省、乡村振兴的一张名片。

湖南大众传媒职业技术学院作为湖南省"三全育人"综合改革试点高校，紧紧围绕立德树人这一根本任务，把握专业建设、思政教育两条主线，将党史学习教育、宣传共产党人的精神谱系与专业教育紧密结合，积极探索"课堂+原创+舞台+多屏"的新模式。《侗乡大医》完成审查演出后，在全省进行多次公演。剧组还走进了故事的发生地湖南省怀化市新晃侗族自治县进行演出交流，探讨校地共建以传媒艺术文化为特色的"乡村振兴实践创新基地"。

 **育人成效**

融媒体中心2021级大学生记者　谌玲

《侗乡大医》是一台由我院师生打造的原创话剧。在这次的话剧拍摄活动中，我负责的是摄像工作，主要在舞台两侧作为游机记录一些精彩时刻。

工作前，我不太了解这部剧。但由于我负责的是摄像工作，为了更好地呈现画面，我仔细去了解了《侗乡大医》的创作背景，深深地被杨文钦和扎西志玛夫妇的故事所感动。与此同时，我也提前到演出现场，观摩了好多次彩排，以了解演员的走位与灯光的走向。当时，我作为大一的学生，刚加入融媒体中心大学生记者团，还不太会用稳定器；彩排试拍的时候，肌肉紧张、步伐不稳、气息不匀等状况导致了我在拍摄过程中问题不断。在我极度懊恼的时候，融媒体中心的学长学姐耐心地指导我，一遍遍手把手地教我，老师也在一旁不断鼓励，这都让我在活动正式开始时，能够顺利地把拍摄工作完成，让这次拍摄工作圆满结束。

在这次拍摄中，虽然我负责的不是最重要的机位，但仍收获颇丰。我既学会了使用稳定器，也学会了做事要有始有终，做人要胆大心细，不可当莽夫；同时，在拍摄前要仔细检查自己的机器，调好各个参数，以确保拍下的画面质量。值得一提的是，我也坚定了要发挥专业所长，利用原创力量，传播湖南声音，讲好湖南故事的决心。

影视表演专业 2020 级学生　吴楠

学校师生原创话剧《侗乡大医》剧组阵容强大，不仅有水平精湛的老师带领、选拔了学生一起组队排练，省话剧团付忠良导演也来亲力执导。我怀揣着期待和不安入组排练，虽然不是女主角，但能够为此次排演贡献自己的力量，我感到非常荣幸。与此同时，从排练到正式演出，只有短短 33 天时间，全组人员都倍感压力。

我除了剧中角色的演绎，还承担着剧组统筹的工作，也正是这份"兼职"，让我意识到自己还有很多的东西要学。在排练的一个多月里，我除了落实服化道和后勤保障，每天都要协助导演确定第二天的排练通告，列出排练人员和排练任务，并及时督促排练进度。在这一个月里，我们无时无刻不感受到时间紧、任务重的压力，而我们作为演员也面临巨大的挑战。第一大挑战就是背台词，话剧的台词跟我们专业课上的主持台词不一样，需要充分理解剧情、揣摩人物才能合理、适度地演绎出来；第二大挑战就是在舞台上的调度，演员需要边走位边说词，甚至还有一些必要的演绎动作，这在某种程度上与我们的播音主持课要求是背道而驰的，因此我们花了很多时间和精力去调整。

也就是在如此紧迫的时间里，我们走出了一条名叫"奇迹"的道路。话剧《侗乡大医》向观众传达的就是创造奇迹，杨文钦和扎西志玛创造了湖南的医学奇迹，而我们所有演职人员也创造了一个 33 天排出大戏的奇迹。这让我不得不相信，人的潜能是无限的，一切皆有可能。期待某一天，我也能创造属于自己的传媒奇迹。

第 五 节

培育"金色"育人成果

五彩融媒网络育人团队在实践过程中，突出育人主体，注重顶层设计，服务于立德树人根本任务，以"共建、共享、共融"为建设思路，着力构建特色鲜明、功能互补、多方联动的网络思想政治教育体系[1]，让青年大学生成为网络文化建设的主人，让网络成为传播核心价值观的高地，同时注重加强网络育人理论与实践研究，形成了一

---

[1] 黄雅. 新时代高校网络育人协同机制研究[D]. 成都：电子科技大学，2023.

系列"金色"网络文化育人经验成果，积极开展"金色"成果展示计划。（图 4-13）

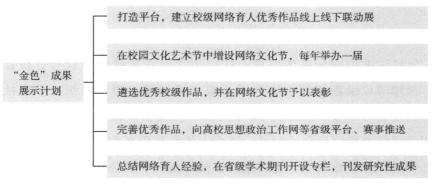

图 4-13　"金色"成果展示计划

一、探索高校融媒体中心建设的有效模式

　　五彩融媒网络育人体系有效地整合了学校校报、校园广播、微信公众号、微博、抖音号等，打造了兼具网络思政和专业实训功能的融媒体中心，探索了"一体化"的媒介融合生产模式。[1] 同时结合高校特点，探索既适应媒介融合趋势，又区别于地方融媒体建设的适用于高校的融媒体网络育人体系，有效地提升了校园媒体的影响力和思政育人实效。利用网络育人产品创作，该育人体系实现了专业实训和思政育人相结合，其探索出的融媒体中心与易班发展中心同步建设、合署运营的模式，这为高校网络思政工作的创新提供了可借鉴的经验。

------

　　[1]　韩燕飞. 融媒体时代高校思想政治教育宣传矩阵建设研究：基于郑州工程技术学院的实践研究[J]. 中州大学学报，2022，39(5)：85-88，94.

二、建设一批具有影响力的校园新媒体

项目注重校园新媒体建设，打造了学校官方微信公众号、抖音号、微博等校级新媒体，培育了涵盖二级学院、团学组织、学生社团、校友会和专业、班级的 56 个二级、三级新媒体。根据青年学生使用手机终端接收信息的习惯，该育人体系利用新媒体平台图文、音频、视频一体发布功能，重点建设学校官微。学校公众号在湖南省教育厅全省教育政务微信排行榜中，每月平均微信传播指数（WCI）、月微信热文排行在全省 70 余所高职院校中基本靠前，2021 年度居排行榜第 12 位。官方微信视频号被教育部"中国大学生在线"评选为 2021 年度全国高等职业院校官方视频号综合影响力百强。

三、开展一系列网络育人的理论研究

2021 年 3 月，五彩融媒网络育人团队主持的五彩融媒项目立项为教育部 2021 年全国高校思想政治工作精品项目，湖南大众传媒职业技术学院成为当年在教育部全国高校思想政治工作精品项目中获得立项的 5 个高职院校之一。2021 年，该项目入选湖南省十大育人示范案例，并全文收录。团队成员三年来发表论文 20 余篇，其中，2021 年，项目中的一名成员撰写的论文《高职两线并行、三化同步网络育人质量提升体系构建探究》在北大核心期刊《教育与职业》上发表，其他团队成员撰写的《基于"三全育人"综合改革的网络育人实践与思

考》《新时代高校网络文化建设活动实施策略探究》等论文获得湖南省职业教育与成人教育优秀论文奖。

四、取得较为显著的育人成效

项目以官网、公众号、微博、抖音号、校园广播等多个融媒体传播端口，培育了一支训练有素的学生网络宣传工作队伍。五彩融媒团队的学生记者，在职业素养、专业技能等方面，明显高于同专业其他学生。融媒体中心骨干成员在校期间获得校级以上荣誉 120 余项，团队成员指导学生参加全国大学生广告艺术大赛、湖南省大学生公益广告大赛、湖南省网络原创视听节目大赛、湖南省高校"读懂中国"活动微视频类等省级以上视频类、微电影类、动画类等网络文化作品大赛，获得奖项 40 余项。五彩融媒育人团队朱丹指导的卜祥泽、郭志杰等学生创作的微视频《老骥伏枥践初心》获得 2021 年湖南省公益广告大赛视频类二等奖；成员文静子指导学生创作的公益广告作品获第 12 届全国大学生广告艺术大赛《战"疫"》命题微博赛一等奖；2019 年 11 月，融媒体中心选送的微电影作品《天道》在第三届"我心中的思政课"全国高校学生微电影展示中荣获三等奖；2020 年 9 月，学生雷阳、李黄龙在全国第一届职业技能大赛暨第 46 届世界技能大赛网络安全项目湖南选拔赛中获得团体赛第一名。从已经就业的 2020、2021、2022 三届毕业生来看，融媒体中心的大学生记者就业率，特别是专业对口就业率达到了 100%，很多学生活跃在各传媒公司，有的自主创业成立了自己的传媒公司，有的被省级新闻媒体聘用，成为"一到岗就能用"的业务骨干，有的考上了硕士研究生。以融媒体中心团队 150 名学生为骨干力量，带动了全校 56 个校园新媒体的发展，参与运维的学生近 500 人。这一模式有效辐射全校，惠及了 10000 余名学生，形成了良好的引领作用。

典型案例

退休党员返乡造福百姓公益片：《老骥伏枥践初心》

《老骥伏枥践初心》的创作缘由，是偶然在网上看到了"中国好人"向光明无私为家乡的人民做善事的报道，从而激发了创意。摄制学生记者团队在指导老师的带领下，来到向光明老人的家乡，用镜头记录下向老的日常生活，在与向老的聊天中了解他做善事的初衷，并且通过采访周边的村民进一步展现向老的事迹。短片希望通过展现向老的事迹和精神让更多的人了解有这样一位老人，他不计自身的得失，一心一意地为人民服务，无私地为村子和村民做善事而不求回报。（图 4-14、图 4-15）

图 4-14　《老骥伏枥践初心》影像截图

图 4-15 《老骥伏枥践初心》拍摄场景

该短片曾获第十三届"大广赛"国赛优秀奖、省赛二等奖,第八届湖南省大学生公益广告大赛一等奖,湖南省第六届网络原创视听节目大赛三等奖,长沙"马栏山杯"红色视听作品大赛铜奖,等等。

融媒体中心 2019 级大学生记者 曾媛

2020 年 5 月底,我与卜祥泽、郭志杰、胡宗泉几位小伙伴策划拍摄了这个短片。开拍之前,我在网上了解到了向光明老人的事迹,当时就已经为老人的事迹所触动不已。在老师的指导带领下,我们邀请到了陈大森学长与我们一同前往了位于怀化溆浦的老人家中。在拍摄过程中,通过采访周边乡民对老人的评价,我越发为老人的品性事迹所折服,也更加真切地感受到向老身上的党性和为人民服务的信念。

向老家中清贫简单，每日的生活也是日出而作，日落而息。但就是这样一位简单质朴的老人，却将自己平日里省吃俭用攒下来的钱，捐赠给了政府，用以帮助需要的穷苦人民！即便自己已是耄耋之年，他时刻不忘身为党员的初心，始终为人民服务。

从老人的身上，我看到了很多自己需要去学习和改进的地方。迷茫是我们这一代青年经常会有的状态，但向光明老人的事迹让我知道，要拥有坚定的信念，满怀信心地朝着目标前进，时刻保持自己的初心。通过这一次拍摄，我明白应该在自己力所能及的范围内能做一份事情便多做一份，正如鲁迅所说的那样："能做事的做事，能发声的发声。有一分热，发一分光，就令萤火一般，也可以在黑暗里发一点光。"

很庆幸我能够参与这个短片的拍摄活动，用镜头记录下向光明老人的生活，用文字写下老人的过往，用影像传播老人的无私奉献的精神。

融媒体中心 2019 级大学生记者　郭志杰

此片记录的是一位来自怀化溆浦的"中国好人"向光明的事迹，主要讲述的是向光明爷爷从当年被共产党救助，在共产党的资助下上了大学，后担任了财会股长，放弃安逸生活，捐钱造桥、挖水渠，造福家乡的故事。

在此次拍摄过程中，我主要负责摄像板块。这种记录式跟拍带来的高强度工作量对我来说是一个不小的挑战。尽管拍摄过程中问题不断，但因为我们前期采集的画面比较充足，后期通过精简的旁白、紧凑的画面、契合主题的音乐，就可以将整个作品制作得非常精细，让观众短时间内就可以全面地了解到向光明爷爷其人其事，从而学习其无私奉献、忧国爱民的精神。

通过这次策划与制作活动，我深入了解了向光明爷爷身后的故事，并从中感悟与学习。实地观察让我感受了当年生活的不易和向光明爷爷伟大的奉献精神。也正是这样的机会，我在较短的时间内拍出了丰富的有效的素材，在拍摄技术、沟通、和团队配合等方面都有了显著的提升。这是一次难以忘却的经历。很遗憾，2023 年 11 月，向老病逝，但他的音容笑貌将永存我们心间，他的大爱无疆的精神也必将激励我们继续前行！

第五章

五彩融媒网络育人的典型成效

　　五彩融媒网络育人体系将学校官网、官方微信号、官方抖音、官方微博、校园广播等平台进行聚集，建设了集课堂支撑、教学互动、自主学习、学生教育于一体的网络新媒体，注重内涵转型和精细化发展，注重提升人才培养的效率与效益，努力打造指尖上的思想政治教育平台，从而汇聚成强大的育人合力。该体系因势而谋，应势而动，顺势而为，坚守立德树人使命，不断探索专业实践，努力扩大主流价值影响力版图，让学生习得专业知识，掌握专业技能，锤炼人格品质，陶冶文化情操，培育了一批有文化涵养、有人文情怀、有责任担当的优秀青年学子，涌现出一批技能达人、学生领袖、志愿先锋等，有效将实践的经验总结上升为适应高职院校特点、具备可推广价值的理论成果，再通过理论指导网络育人实践工作探索。

第 一 节

技 能 达 人

　　五彩融媒网络育人体系以网络信息技术的方式，将思想政治教育资源融入专业课程，让学生在专业知识的学习过程中，通过数智技术接受创新形式的思想政治教育，为思政教育插上新媒体的翅膀。该体系通过打造形式多样的网络育人作品，为学生提供了大量的专业技能实操机会，促进了自主学习和专业素养提升，同时还增加了思政教育的趣味性和互动性，从而促进了学生对主流价值观的深入理解。值得一提的是，网络育人平台可以根据学生的个性化需求，提供针对性的学习支持和资源推荐，帮助学生更有效地将思政教育成果与专业学习成效进行深度融合。五彩融媒网络育人体系通过多种途径和方式，有效提升了学生的专业技能，培养了学生的职业道德和社会责任感，为其未来职业发展打下了坚实的基础，实现了有高度、有温度、有效度的育人成效。

一、李泽武、向禹杰、李怀谷：不"疫"样的夺冠故事

在 2022 年全国职业院校技能大赛高职组虚拟现实（VR）设计与制作赛项中，李泽武、向禹杰、李怀谷三位同学在李灿辉、夏丽雯两位老师的指导下，克服疫情带来的诸多不便，凭借过硬的专业技能和超强的心理素质，在全国 62 支参赛队伍中脱颖而出，斩获一等奖。赛后，谈起比赛的收获和奋斗故事，他们兴致勃勃。（图 5-1）

图 5-1　李泽武与老师在备赛

1. 锐意进取，挥洒青春

　　和往年不同的是，受疫情影响，本届大赛第一次采用线上比赛与线下评审相结合的方式。指导老师需要去布置赛场，并且要按照国家级的标准来准备场地。李灿辉老师说："真正布置的时间其实只有三天，时间非常紧迫。"由于比赛环境临时发生变化，参赛难度也随之加大。赛项竞赛时长为 6 个小时，中途不休息；在这期间，参赛选手需要完成 VR 建模、VR 引擎制作、动作交互制作、VR 项目设计等任务，综合考察选手的动手实践操作及团队协作能力。此次比赛难度系数大，涉及面广，时间较长，不仅考验选手们的专业技术，更考验大家的心理素质。在为期两天的比赛中，这三位同学配合默契，稳定发挥，最终拔得头筹。这也是时隔 4 年，学校再次将国赛一等奖收入囊中。（图 5-2）

图 5-2　李泽武、向禹杰、李怀谷接受采访

2. 脚踏实地，谱写华章

一次比赛，就是一次历练。从 2021 年底开始，三位同学便开始了长达 8 个月的集训。训练是枯燥的，VR 制作更是没有捷径可走。为了攻克技术难关，熬夜对于他们来说，早就成了家常便饭。

因为三位同学来自不同年级和班级，最初的时候，他们的配合并非完美。在一次次的流程接力、模型交互的训练过程中，他们不断磨合、相互理解，逐渐提高了彼此的信任度，形成了现在这个有默契、有力量也充满爱的小团队。"不陌生，也不怯场，参加比赛对于我们来说早就习以为常了。"向禹杰说。为了准备这场比赛，三位同学几乎放弃了所有社交活动，尽可能多地待在机房里进行训练。正如他们所说，想要得到，得先学会放弃。而他们所有的努力，都在比赛中赢得了回报。

3. 良师相伴，行稳致远

"每一个人都在为同一个目标而奋斗。"夏丽雯老师说道。一路走来，从最初的操作青涩到最后的行云流水，三位同学和老师们一同研究问题、讨论方案，实现了技能的大幅提升；从最初的陌生到最后的亲密，他们和老师们倾诉心事，知无不言，早已将老师视作家人般的存在。

"最想感谢的，就是老师。"李怀谷同学说道。他因为腰伤，久坐后伴随而来的常常是刺骨的疼痛，甚至比赛时都是用全程跷着二郎腿的方式来缓解疼痛。老师得知这个情况后，时时刻刻地关心着他，并四处寻求缓解疼痛的良方。老师们的贴心照料，给原本乏味的备赛生活增添了无限温暖，帮助他顺利完成了比赛并取得了优异成绩。

逐梦路上，老师在每一站守候，亦师亦友，一心奉献。在老师的陪伴下，三位同学共同绘制了一幅绚丽的青春画卷，在竞技场上散发着属于自己的光与热。

4. 立足当下，共创未来

"比赛的结束不是真正的结束，而是一个崭新的开始。"李泽武同学说。在他看来，比赛是生活，生活也是比赛，比赛不过是生活中的一部分。"我从中职参加比赛一直到现在，接下来想要专升本、争荣誉，在这条路上越走越远。"这是李泽武对自己未来的规划，也是对学弟学妹的勉励。

向禹杰作为团队中唯一的2019级学长，在得知国赛因疫情延期的情况后，义无反顾地带着学弟们备赛。在他看来，毕业了还回来带队参赛，是为了感恩学校的栽培，更是为了给学弟学妹们做个榜样。

职业技能竞赛为广大技能人才提供展示精湛技能、相互切磋技艺的平台，对推动经济社会发展具有积极作用。[1] 万丈高楼平地起，一砖一瓦皆根基。作为新时代的青年学子，我们要从自身出发，扬长避短，踔厉奋发，用理论指导实践，用创意点亮人生。

二、陈澎：校园里的"网红"手绘师

支上一块画板，舞动几支画笔，不到十分钟，一幅惟妙惟肖的圆

---

　[1]　罗光雄，邢晖. 习近平关于职业教育重要论述的重大贡献与价值意蕴 [J]. 国家教育行政学院学报，2023(5)：28-37.

珠笔画就在我校视觉艺术学院影视动画专业的陈澎同学手中诞生了。

重剑无锋，大巧不工。深受我校校训"创意点亮人生"熏陶的陈澎同学，把所学专业知识与对圆珠笔的情有独钟结合起来，经过不断打磨，练就了画圆珠笔画的绝活。他的圆珠笔画形态逼真，鲜活传神，短时间内，便刷爆了朋友圈，《中国日报》官博等多家媒体转载了陈澎同学的作品，并争相报道他的事迹。（图5-3）

图5-3　陈澎创作圆珠笔画

让人意想不到的是，陈澎同学与圆珠笔画的结缘，实属偶然。大一时，他在网上第一次看到了一幅圆珠笔画作，顿时便怔住了："圆珠笔竟然能画出如此逼真的画作，真是太惊艳了！那么，我是否也能试一试？"

随后，陈澎一口气买了30支圆珠笔，开启了自己的圆珠笔手绘之路。经过这样一次普通的邂逅，陈澎开始沉迷创作圆珠笔画。这一念头在他心里生了根，发了芽，如今也开出了花儿。

陈澎在创作初期遇到了不少挫折，勾勒、排线、着色等都是困扰他许久的难题。他说："在我最开始画圆珠笔画的时候，面临的挑战也是最多的，有时我甚至都不知道要选择什么样的纸张和画笔。同时，画画也占据了我大量的课余时间，这就需要牺牲休息时间来填补。"

"做人如果没有理想，跟咸鱼有什么区别。"陈澎对圆珠笔画有着浓浓热忱，满满精气神皆浸透画纸。画好圆珠笔画，便是他当下的理想。在一次写生过程中，陈澎第一次用圆珠笔作了一幅画，意外得到了专业老师的赞赏，甚至有不少同学们立马请他帮忙画肖像。不久，陈澎同学的画作上了微博热搜，各大媒体争相报道他画圆珠笔画的故事。

最近在网上人气火爆的7米手绘版《清明上河图》，是陈澎第一次尝试用水性笔来画画。《清明上河图》人物多，构图比较复杂，画起来并不简单。他光是寻找绘图所使用的20余支0.2毫米水性笔，就花了两天时间。为了省钱，陈澎同学在网上下载了《清明上河图》进行临摹，可是图上有几处像打了马赛克似的，极难辨别。

每次碰到这些问题，他都要与学校专业老师反复探讨，再结合自己的合理想象，将图像逐步还原。由于这幅画作过于逼真，有人质疑其真实性，猜测这是陈澎同学在买的半透明打印好的《清明上河图》图纸上临摹而成的。为了打消这些疑虑，他录制了绘画全过程，隔几日便更新一次。

要画出如此精细的画作，需要长时间集中注意力，这给陈澎的手和眼都带来了巨大压力。绘画时，手抽筋、眼掉泪都是常有的事。而由于圆珠笔绘画不可涂抹，因此绘画者下手轻重颇显重要，太重或太轻，都有可能随时毁掉整幅画。即将要完成的作品因为一个失误又要从头开始，这也是常有的事。创作整幅画，他花了近300个小时。画作完成后，陈澎说："我终于完成了这件挑战专业和毅力的事情，我证明了自己是可以的！"

始于热爱，成于坚持，陈澎同学用圆珠笔勾勒出我们温暖的世界，也描绘出他对生活的热爱。陈澎对自己的未来，抱着美好的期许："我希望毕业后，成立一个工作室，画自己想画的画。"他表示将不断尝试创新，用不同的形式去创作更出色的作品，坚守自己最初的热爱。

三、杨莉萍：新晃职中来了个小老师

自信的微笑、开朗的笑容、有些俏皮和几许孩子气的神情，这是19岁的杨莉萍给人的印象。亲和间透出几分严厉、清脆而响亮的声音、流畅清晰的表达……这也是19岁的杨莉萍给人的印象。杨莉萍，湖南大众传媒职业技术学院电子商务专业大三的学生。同时，她还是新晃侗族自治县职业中专电子商务班的"老师"。品学兼优的她，选择留在了家乡，走上了新晃职中的讲台。（图5-4）

图5-4　杨莉萍支教场景

"我是怀化人，我就是从中方职业中专考上湖南大众传媒职院的，我了解职中。"这是杨莉萍选择去新晃职中支教时说的话，说得义无反顾。事情还得从新晃职中的一封"求援信"说起。2017 年，新晃职中针对当地人才需求状况，开设了电子商务专业，招收了 90 余名学生。然而，眼看开学在即，专业教师却成了难题。本身原有专业的师资就很短缺，新专业更是犯难。这时该校校长蒲少云想到了远在长沙的"亲戚"，一封请求在师资方面给予支持的信函飞到了湖南大众传媒职业技术学院党委书记的案头。对于新晃职中这个"亲戚"的事，学校党委书记一直将其列为日程里的头等大事。

2015 年，根据《湖南省教育厅教育精准扶贫试点方案》，湖南大众传媒职院与新晃职业中专正式签署结对帮扶协议，确定两校帮扶合作关系，重点在专业建设、教学条件建设、师资队伍建设等方面予以帮扶。帮扶的第一个大的项目，就是电子商务专业的筹建。从此以后，校党委书记、校长等先后 10 余次率帮扶工作队实地调研，双方你来我往，便成了"亲戚"。可是，同样的难题也摆在了校党委书记面前：学校正在抓紧推进湖南省卓越职业院校建设，眼下正是项目的攻坚阶段，电子商务专业作为特色专业，本身的建设任务也十分繁重，一下子抽出一名专任教师不太现实，怎么办？"亲戚"的事不能不管，自己的教学也要保障，一个大胆的想法从校党委书记的脑海里冒出来：能不能从大三毕业班中选拔优秀的学生去承担这个任务呢？一个专科毕业生，教一门职业中专的专业课，应该还是可行的。这个想法随后传达到电子商务专业所在的新媒体技术学院，报名的大三学生络绎不绝，纷纷争着去尝试这样一份富有挑战性而又新奇的工作。

杨莉萍同学也许不是学校最优秀的学生，但是她的诚心打动了学校。翻阅她的个人档案信息：新媒体技术学院电子商务 1501 班，19岁，怀化人，学校奖学金获得者。在当年新媒体技术学院选派支教老师赴教育扶贫帮扶点新晃职中的选拔中，作为少数的学生代表积极参与报名；经过层层筛选、集体培训，杨莉萍最终脱颖而出，被正式确定为派往新晃职业中专的电子商务专业"教师"，在当年9月开学季正式走进新晃职中的校园。

经过教学技能培训、跟班听课、参与教研活动，杨莉萍正式走上了讲台，一接就是两门课——"电子商务应用基础"和"网络营销"。大山里走出来的孩子有股韧劲，杨莉萍虚心请教，钻研教材，把在学校学到的专业知识和技能运用到教学中。她的身后还有一个厚实的"靠山"——湖南大众传媒职业技术学院的老师们。他们针对人才培养方向、课程建设、教学方法、考核方法、实验计划、学生就业、个人发展等对杨莉萍进行每周两次以上的线上辅导。电话、QQ、微信、邮件……杨莉萍和她的老师们随时随地、线上线下保持着密切的沟通。学校的老师们毫无保留地将专业教学资源共享给杨莉萍，手把手地教，几个月下来，硬是让她把自己的课开成了学生们欢迎、同行们好评的课程。新晃职中的老师们每次在教学楼、办公室见到她，总要拍拍她的肩头，说："这个小老师，不错啊！"而她的学生们，那些从大山里走到县城的孩子们，都无一例外地喜欢上了这个操着乡音腔调普通话的大姐姐。除了上课，杨莉萍还主动承接了电子商务实训室的管理和维护工作。这间高规格的实训室，也是湖南大众传媒职业技术学院投资40余万元援建的。杨莉萍给每一台设备安装专业学习软件时，总是那么得心应手。课余时间，她坚持每周下乡走访，搜集整理扶贫资料，重点记录扶贫事项，用文字记录风土民情，用镜头记录乡间故事。杨莉萍还深入了解学生的家庭状况，希望通过专业课程的教学带领学生真正实现学以致用，通过农村电商让当地人们脱贫致富。

由于杨莉萍深得新晃职中师生的喜爱与认可，原本预设一个学期的任教，被新晃职中强烈要求延长至一个学年，并让其在2018年上学期增授"商务摄影"的课程。湖南大众传媒职业技术学院和新晃职中结对 3 年来,为新晃职中量身定制了精准扶贫实施方案,并纳入卓越校建设项目,推动本校新媒体技术学院与新晃职中的电子商务专业进行结对精准帮扶。授人以鱼不如授人以渔,一个杨莉萍只能解决燃眉之急,培养专业师资团队才是行之有效的根本途径。用新晃职中蒲少云校长的话说,有了大众传媒职院这个"亲戚"的帮扶,学校的办学理念提升了,教学条件改善了,办学质量提高了,招生也获得了突破。

第 二 节

学 生 领 袖

在高校网络育人的过程中,要坚持以人为本的基本原则,要尊重学生、理解学生、关心学生,把不断满足学生的全面需求、促进学生的全面发展,作为网络育人工作的根本出发点和落脚点。[1] 五彩融媒网络育人体系紧跟高职教育的主导价值取向和主流理念,高举促进学生全面发展的旗帜,以"协同育人"理念为指导,立足校内部门联动,厘清大学生网络意见领袖的特点、功能等问题,进一步培养培育潜在的大学生网络意见领袖,以及凝聚引导既有的大学生网络意见领袖,打造了一支高水平、高质量的学生领袖队伍,提升了思想引导工

---

[1] 胡静. 高校思想政治教育的人本诉求[J]. 科教导刊(中旬刊),2016 (32):63-64.

作的辐射性和渗透性。[1]

一、赵佳成：努力奔跑的"最美大学生"

"一个人在努力实现梦想的同时也应该去承担一份社会责任，让这个社会变得更加美好，更加温情，更加善良。"这是赵佳成常说的一句话，也是他一直奋斗与努力的方向。

赵佳成是共青团湖南省第十六次代表大会代表，获评了"2023年度湖南省普通高校优秀大学生党员"。他在校期间担任学生会执行主席、常任代表委员会委员、传媒青年讲师团团长、班级团支部书记，也是岳阳县青年讲师团讲师、长沙县"星青年"讲师团讲师，还是岳阳县青山志愿者协会会长。（图5-5、图5-6）

图5-5　赵佳成在学校做汇报

作为一名职校学生，赵佳成一直在不断挑战自我，从未停止努力奔跑的脚步。手指畸形导致打字速度慢，他就网购键盘拼命练习；普

[1]　丁爱玲，张亚丽. 协同育人视角下加强"大学生网络意见领袖"引导与培养的路径探析[J]. 新西部，2019(35)：148-149，134.

图 5-6　赵佳成参加志愿活动

通话发音不标准，他就早起大声朗读，私下请教老师纠正发音。他学习成绩优异，综合素质过硬，积极参加各级各类比赛，获得"湖南省高校首届最美大学生""新时代湖南向上向善好青年""湖南省青少年党史学习教育宣讲达人""湖南省青基会 30 周年希望之星""全国职业院校优秀在校生"等 70 余项荣誉。

　　作为一名青年志愿者，赵佳成当仁不让，从不轻易缺席任何一场志愿服务活动。近年来，赵佳成参加志愿服务活动 180 余场次，志愿服务时长达 1000 余小时。

　　作为一名青年讲师，赵佳成的身影多次活跃在各大青年讲师团示范性宣讲活动的现场。他把党的故事、家国的故事、青年的故事、奋斗者的故事讲好讲活，引导新时代青年凝聚奋进力量，放飞时代梦想。

　　作为一名新时代青年，赵佳成"不忘初心、牢记使命"。他有着身为新时代青年的担当，坚持用自己抓铁有痕的行动为社会贡献力量，谱写自强不息的青春赞歌。

诚如习近平总书记所言："奋斗是青春最亮丽的底色。"[1]赵佳成的故事，无疑就是我们身边的榜样！让你我接力，与赵佳成一起，用奋斗谱写精彩人生！

二、王静蕾：走过天安门的女孩

谈起最近作为少数民族代表走过天安门的经历，她的眼里还散发着光芒。她就是王静蕾，是我校播音与主持专业的学生。或许在人群中，她并不是最亮眼的，但她的经历着实特别。（图5-7）

图5-7　王静蕾

1. 命运使然，破茧而出

2019年9月，王静蕾突然成为新晋"网红"。她的故事，登上了《人民日报》《湖南日报》《三湘都市报》，以及今日头条等多家媒体。

19岁的她历经层层选拔，有幸代表800万土家族同胞，在第十一届全国少数民族传统体育运动会中担任火炬手。在直达北京的高铁

---

[1] 张博.新时代好青年成长成才的四维向度[J].思想理论教育导刊，2023(6)：127-135.

上，王静蕾一直兴奋得睡不着觉。初担重任，她内心忐忑万分。获得这次千载难逢的机会，绝不仅仅是因为"爱笑的女孩运气不会太差"。她从小学习舞蹈，功底扎实；她底气十足，从容淡定；她在校学习播音与主持专业知识，思维敏捷，应对自如。

不仅如此，王静蕾还参与了民运会开幕式中开场民族方阵的表演。紧接着在 9 月，她和其他 54 名少数民族代表一起，接受了一项"秘密任务"——在中央民族干部学院进行集中训练后，在中华人民共和国成立 70 周年群众游行时作为民族团结方阵进行表演游行。

2. 时光见证，完美蜕变

10 月 1 日这一天，她怀着无比激动的心情，与其他少数民族代表，列队国庆群众游行民族团结方阵，在天安门前进行了表演展示。（图 5-8）

图 5-8　王静蕾（右二）与少数民族代表们在一起

当问起她最难忘的时刻，她的眼中顿时就泛起了泪光。"最苦的时候是在中央民族干部学院集训的那20天，这种累是身体上的累。因为训练要求高，训练时间长，通常都是'白加黑'的练习模式。最甜的是在长安街方阵游行的时候，虽然只有短短的三分钟，但当时那种强烈的民族自豪感以及由内而发的深刻感动都让我铭记于心。"

3. 回归生活，不忘初心

当王静蕾满载荣誉回归到熟悉的校园，投身大学生活时，她的心态早已悄悄发生了变化。

她说起曾经的自己，会羞涩一笑："曾经的我不够自信，不够大胆，甚至对未来都充满了迷茫，不知道该往哪里去。"现在的她，是一个崭新的她。在一个国庆前夕，王静蕾信心满满地向党组织递交了入党申请书，期待自己拥有一个光荣的身份。同时，她开始每天思考和反省自己，用更严格的标准鞭策自己。一有时间便在舞房练习，在湖边练声，在实训室实操，在图书馆阅读……

谈及未来，她滔滔不绝。王静蕾认为："未来，我要带着这几个月的宝贵经历和成长心得，扎实学习，努力蜕变，成为对国家有用的人。"她的荣誉有目共睹，她的未来一定可期。

相比同龄人，王静蕾虽然有更多的经历，但是她当时其实也还只是个19岁的小女孩，她也喜欢和朋友拍照发朋友圈，喜欢和同学、老师谈笑风生，喜欢所有美好的东西。这样爱笑的她，不仅有着19岁女孩该有的样子，还有着积极向上的态度，有着愿意为自己所喜爱的事物全力付出的拼劲。

三、吕蓝枫：从军营到校园的"枫"味人生

"吕蓝枫在全省高校习近平新时代中国特色社会主义思想'天天见''天天新''天天深'主题演讲总决赛中获一等奖"，这是我们第一次听到吕蓝枫的名字。但从那以后，这三个字就成为老师和同学们日常交谈中的关键词，更是与"军人""入伍""真正男子汉"等描述紧密联系。（图5-9）

图5-9　吕蓝枫参加演讲

1. 最初的梦想

梦想在彼岸，你愿意淌过去，它就在那里。

说起为何入伍，吕蓝枫告诉我们，早在中学时期，他就对军旅生

活格外憧憬，并将当兵入伍列入了自己的人生计划。2014 年 9 月，吕蓝枫考入湖南大众传媒职业技术学院广播电视技术专业；也恰在同时，部队开始面向在校大学生和大学毕业生招收义务兵。吕蓝枫毅然决然地报了名，并从四川广安 500 余名报名者中脱颖而出，成为一名光荣的工程兵。随后，学校为他保留了学籍。

2. 人心的震撼

初到部队，陌生的军旅环境，紧张的部队训练，巨大的地域差别，这些对于刚毅果敢的吕蓝枫而言都算不上挑战。最大的挑战，来自内心。吕蓝枫作为中国国际救援队（CISAR）的一员，哪里有地震灾害等突发性事件，哪里有紧急搜索与营救的需要，哪里就有他和战友们的身影。2015 年 4 月 25 日，尼泊尔发生 8.1 级地震，吕蓝枫随部队第一时间赴一线救灾。连续 7 天不眠不休的高强度救援，早已让他的身体疲惫不堪。在救援的最后一天，吕蓝枫看到连长手臂上被钢筋划开的伤口还在渗血，却仍在忘我奋力救灾，他于是默默将泪水封在眼底，更积极地投入紧张的救援工作，只为更快凿开废墟，托举生命。

3. 无声的蜕变

两年军旅生活结束后，2016 年 9 月，吕蓝枫回到校园里，成为一名大一的学生。但是现在的他，早已不是高中时不善言辞的青涩形象，举手投足间都散发着军人的自信模样。

在校就读的时光里，吕蓝枫是品学兼优的代名词：受到中央军委主席习近平通令嘉奖，获得国家优秀学生奖学金、全省高校习近平新时代中国特色社会主义思想"天天见""天天新""天天深"主题演讲总决赛一等奖、优秀教官荣誉称号，参与电影《建军大业》的拍摄……

4. 动人的坚守

吕蓝枫心态积极、学习扎实、做事严谨、助人为乐，是老师们眼中得心应手的"小秘书"，也是同学们心中无所不能的"兵哥哥"。

即便退伍已两年有余，他依旧坚守着部队里的内务标准，床上的被子永远是整整齐齐的"豆腐块"；他也依旧坚持每天进行体育锻炼，时刻谨记一名军人该有的样子。他将军人风范带入校园，一手创建了我校第一个军事类社团——砺军者协会。作为社长的他，带领社员强身健体，宣讲军旅精神，传递军人气节。因为被他的事迹激励，社团中有不少同学也踊跃报名参军入伍。

吕蓝枫对自己的未来充满期待。他告诉我们，时光短，任务重，要扛起自己的一生，抓住有限的时间去做更多有意义的事，在"一般"的时间里创造"不一般"的人生。

第 三 节

志愿先锋

道德之于个人、之于社会，都具有基础性意义，做人做事第一位的是崇德修身。[1] 随着"互联网+"时代的到来，高校立德树人路径

---

[1] 齐鹏，古梦雪. 茶文化：新时代高校立德树人的新载体[J]. 经济师，2018(7)：35−36.

探索也要紧跟时代的步伐。[1] 如何结合融媒新技术实现网络育人，打破高校、课堂、学习的传统界限，成为摆在高职院校面前的一道"必答题"。五彩融媒网络育人体系始终牢牢把握正确的政治方向，将立德树人思想理念嵌入学生的"微时间"，积极利用网络平台开展网络育人品牌建设，形成各种教育方式协同育人的联合机制，让网络成为价值引领的高地，树立了一批有崇高理想、有积极抱负的青年学子榜样，创新推动了网络育人质量提升。

一、彭相玉、杨宽：弘扬冬奥精神，迸发青春力量

2022年2月20日，第二十四届冬奥会在北京圆满闭幕。从2008年百年奥运梦圆，到2022年与奥林匹克运动再度携手，北京成为历史上首座"双奥之城"。[2] 那个冬天，奥林匹克给予的温度，留在了每一个中国人的心中。当我们享受一场又一场体育盛宴的同时，不要忘记那些在幕后默默付出的工作人员。湖南大众传媒职业技术学院新媒体技术学院的彭相玉同学、杨宽同学便是其中一分子。（图5-10）

1. 冬奥之旅，不虚此行

计算机网络技术专业1901班的学生彭相玉在冬奥期间担任了运维工程志愿者。

———————————

[1] 陈莹. 新时代高校落实立德树人根本任务的路径创新研究[D]. 长沙：长沙理工大学，2020.

[2] 李贺. 北京2022年冬奥会圆满举行[J]. 中国发展观察，2022(2)：2.

图 5-10　彭相玉（右二）与其他冬奥会志愿者在一起

彭相玉说，早在 2008 年观看北京奥运会时，他的心里便埋下了一颗想要参与其中的种子。彭相玉学的是计算机网络技术，扎实的专业学习加上丰富的实操经验，让他在经历层层选拔后，成为冬奥工作团队中的一员。他在冬奥会中主要负责的工作是电子设备运维。

2021 年 12 月 30 日，彭相玉从长沙前往北京冬奥、残奥项目组，2022 年 1 月 3 日正式驻场工作。他工作的场馆是云顶滑雪公园，主要负责场馆打印机、PC 设备等日常运维工作，保障比赛时设备正常运行；如若出现问题要第一时间响应，及时处理。

在冬奥工作期间，彭相玉将课堂上学到的专业知识灵活运用到实践工作中，实现了所在场馆设备的高效管理。他说，运营队长、技术专家等录制了操作教程视频，制作了相关使用手册，还手把手传授了很多宝贵经验。理论与实践的紧密结合，让他很快就能独当一面。彭相玉说，学以致用是对他最大的鼓舞。

提到冬奥会的开幕式，彭相玉至今还心潮澎湃。当看到国旗接力传递到人民解放军手中时，他感动得落下了热泪。彭相玉说，这些传递者中有各行各业代表、国家功勋人员与 56 个民族代表。他感受到了人民与国旗、国家之间的情感联结，为自己生活在这个繁荣昌盛的国家感到自豪。

2. 奉献自我，热血青春

计算机网络技术专业 1901 班的杨宽同学也和彭相玉一样，担任了运维工程志愿者。

对于杨宽来说，参与冬奥会的工作既是一次机遇，也是一个挑战。杨宽工作的场馆是进行冰球比赛的五棵松竞赛馆，也就是据说能 6 小时从篮球馆变成冰球馆的场馆。他在场馆里主要负责落地式打印机、桌面式打印机、笔记本电脑、一体式电脑、工作站电脑，以及服务器的运维部署工作，保障竞赛时网络设备的正常运行。

杨宽在冬奥会工作期间，深感专业知识的学习与实践经验的积累同样重要。在校期间，他努力增加自己的知识储备，提升自己的专业技能，期盼着可以一步一步离梦想更近。而这些在学校所收获的知识与经验，让他能够在冬奥会这样的大型赛事中，应对紧急事件，展现专业水准。

这是杨宽第一次在外地过年。毕竟没有家人的陪伴，没有兄弟姐妹们的欢聚一堂，难免有些不适应。幸运的是，他因此体会到了不一样的"冬奥年味"。杨宽说，组委会在除夕夜给工作人员和志愿者们制造了新年惊喜，他还幸运地抢到了新年大红包。他无比骄傲地说："这会是我此生最难忘的除夕。"

杨宽曾表示，这次冬奥会期间所获得的工作经验，让他对自己的专业更加有兴趣、有信心，促使他立志要深耕专业领域，争取有所建树、有所成就。这不仅是他大学生涯中的奇妙经历，也必将是他青春岁月中的绚烂一笔。

毕淑敏曾说："也许我非常重要，因为在那些需要帮忙的人身上又燃起了期望之火；也许我一点也不重要，因为我只是一名普通的学生。"青春长短用时间计算，青春价值用贡献衡量。让冬奥精神点亮青春梦想，助力新时代青年寻找青春航向，迸发青春力量！

二、盘晨玉：危急时刻，救人是我的责任和义务

"危急时刻，救人是我的责任和义务。"话语中显露出的笃定与坚韧，似乎与她不到 20 岁的年龄有些许不符。眼前这位面容稚嫩、个子高挑的女孩，最近因为见义勇为，被各大媒体头条推上了热搜。她就是盘晨玉。（图 5-11）

2021 年 12 月 17 日下午，湖南大众传媒职业技术学院管理学院大二学生盘晨玉搭乘出租车从机场返校。16 点 24 分，出租

图 5-11　盘晨玉接受锦旗

车到达长沙县东七路铭城绿谷智慧产业园门口的时候，司机突然紧急减速停车。盘晨玉立刻意识到情况不对，进行了简单的询问后，了解到司机有点头晕头疼，手脚也有些发麻。

盘晨玉第一时间拨打了120急救电话，简明扼要地说明了现场情况，又迅速询问司机如何联系紧急联络人。此时司机已经无法开口说话，只是艰难地用手指了指手机。在征得司机的同意后，她一边拨打家属的电话，一边努力安抚司机的情绪："你不要说话，调整好呼吸，我帮你联系家属，我在。"

几经周折，盘晨玉终于联系上了司机的妹妹。司机这时候的情况十分危急，他一直冒汗、口吐白沫，一边抽搐一边还说着胡话，想站起身来开门下车。盘晨玉担心在公路上下车不安全，立即跑到驾驶室外帮司机把窗户打开，以此让司机呼吸到充足的新鲜空气，且再次拨打了120急救电话，并耐心地告诉司机不用担心，救护车马上就到。

此时临近下班高峰，道路拥挤，救护车仍堵在路上，然而司机的情况似乎还在加重。见状，盘晨玉又一次拨打了120急救电话，急救中心医务人员在电话中告知她需要防止病人被异物卡住。

随后，她求助了路过的快递员。快递小哥了解情况后立即赶来帮忙，把司机拉起来并不断为他拍背。二人合力照顾出租车司机，直到救护车赶到。

到医院后，家属因路途遥远还需要一个小时才能赶到。盘晨玉在电话中让家属放心："路上注意安全，我会全程陪同，家属不到我不走。"她在司机无人可依时脱口而出的这句话，不仅仅让家属放心，同时也感动了大家。

接下来，盘晨玉陪同司机进行检查、缴费，司机被诊断为脑干出血，如若没有及时得到救助，后果不堪设想。由于发现及时，处理得当，经过救治之后，司机的情况暂时得到好转。

勇敢善良的盘晨玉在危急时刻为了他人的生命安全挺身而出，展现了当代青年的奉献和担当。"见义"源自一身正气，"勇为"只为一份责任。

盘晨玉说，她只是当代青年中普普通通的一员，但"青年"二字本就应与平庸相斥。匡难扶危，侠肝义胆，盘晨玉用自己的善良和勇敢，托举起他人生命，激荡了浩然正气。青年的赤诚之下，满是光荣的火炬。我们生于盛世，我们必当有为。

三、卿培明：弘扬雷锋精神，绽放志愿之花

他半年累计参加志愿服务近 200 次，组织开展志愿服务 100 余次，志愿服务时长超 1000 小时；在春节期间更是主动放弃寒假，坚守在春运志愿服务岗位上。他用实际行动弘扬雷锋精神，绽放志愿之花。他就是卿培明，湖南大众传媒职业技术学院新闻与传播学院摄影摄像技术专业的学生，也是长沙市芙蓉区青年志愿者协会的宣传部部长。（图 5-12）

图 5-12　卿培明接受采访

1. 恪尽职守显担当

冬日的早晨寒风凛冽，卿培明志愿服务的步履却不敢停歇。他在今年"情满旅途·暖冬行动"的春运志愿服务活动中，坚持每日往返30公里，来到长沙火车站做志愿服务。

春运期间，卿培明的身影总是穿梭在火车站各大出入口、候车大厅等志愿服务点，持续为旅客提供疫情防控、换乘指引等多种服务，每天工作长达9小时。他主动放弃寒假，投身志愿工作一线，春运期间累计志愿服务35天，服务时长315小时，服务旅客30000余人次。

2. 行胜于言践初心

卿培明曾说，在春节志愿服务的众多旅客中，他印象最深刻是一对有视力障碍的老年夫妇。

那天火车站的旅客如往常般川流不息，站在进站口进行志愿服务的卿培明大老远就关注到了一对戴着墨镜、行动不便的夫妇。他一路小跑来到这对夫妇身边，自报身份后就搀扶着他们前行。夫妇连忙感谢的同时，也不禁感叹："真希望下辈子眼睛正常，少给别人添些麻烦！"卿培明听后心头一紧，坚定了要竭尽全力服务好这对老人的决心。他将老人带到了候车休息室，悉心叮嘱老人在原地等待，并承诺他稍后会过来引导上车。火车站人来人往，需要帮助的人还有很多，将老夫妇安置好后，卿培明便马不停蹄去帮助别人。临近发车，正当老人心神不安生怕错过火车时，卿培明气喘吁吁赶来了。他双手扶住老人的手臂，笃定地告诉他们："说好来，我就一定会来。"老人感动得落下了热泪。

3. 步履不停扛使命

寒假期间，卿培明在结束火车站志愿服务之后，会跨越大半个长沙城，来到长沙县的脑瘫儿童帮扶中心继续他的志愿服务之旅。

照顾脑瘫儿童，困难之大超出常人想象。他们大都肌肉发育不健全，无法自主站立行走，一日三餐都需要人来喂食，夜里还要换尿布、帮翻身。为了更好地照顾孩子们，卿培明主动要求留宿，但帮扶中心条件有限，他便住在了堆满捐赠物资的杂物间里。夜以继日的志愿服务是辛苦的，但卿培明说，孩子们天真可爱的笑脸往往能够让他忘却所有疲倦，这也是所有志愿者的使命所在。

当被问到为什么选择留在长沙做志愿者时，卿培明说："长沙是雷锋同志的家乡，在这里进行志愿服务会让我觉得更有意义！"

雷锋同志曾说，他愿永远做一颗螺丝钉，哪里需要他就往哪里去。卿培明同学只是众多大学生志愿者中的一个缩影，就如同社会上的一枚小小螺丝钉，将责任视为奋斗的源泉，把热血洒在青春的征程，用小爱汇成无疆的大爱。不论社会如何变化，时代如何变迁，雷锋精神永不过时。[1] 让我们追寻雷锋精神，携手志愿服务，书写绚丽青春。

---

[1] 吴晶，王子铭，黄玥，等. 雷锋精神，一座永不褪色的丰碑[J]. 奋斗，2023(5)：28-31.

参考文献

［1］张蕾蕾. 网络时代的智慧思政课：翻转课堂新论［M］. 上海：上海社会科学院出版社，2021.

［2］曾洁. "互联网+"背景下高校思政教育模式探究［M］. 广州：世界图书出版广东有限公司，2017.

［3］田俊杰，刘涛. 高校网络舆情管理与思政教育创新：基于网络身份隐匿视角的研究［M］. 杭州：浙江大学出版社，2020.

［4］倪瑞华. 思想政治教育认同基本理论研究［M］. 北京：中国民主法制出版社，2021.

［5］潘传辉. 新媒体时代思政教育创新探索［M］. 哈尔滨：黑龙江人民出版社，2019.

［6］刘国龙，陈龙. 大数据与大学生思想政治教育融合发展研究［M］. 苏州：苏州大学出版社，2021.

［7］包国强. 新建地方本科高校思想政治工作理论与实践［M］. 杭州：浙江工商大学出版社，2014.

［8］廖雅琴. 供给侧视域下高校思想政治教育创新研究［M］. 北京：新华出版社，2020.

［9］张世欣. 思想政治教育的人学解读［M］. 杭州：浙江大学出版社，2017.

[10]叶绍义. 红色基因融入大学生思想政治教育的创新与实践研究[M]. 北京：光明日报出版社，2023.

[11]鲁文英. 新媒体时代思政教育互动式教学实践探索[M]. 哈尔滨：黑龙江人民出版社，2019.

[12]季海菊. 新媒体时代高校思想政治教育的解构与重塑[M]. 南京：东南大学出版社，2014.

[13]龙妮娜，黄日干. 新媒体与大学生思想政治教育研究[M]. 北京：光明日报出版社，2016.

[14]崔欣玉. 自媒体环境下高校思想政治教育研究[M]. 上海：上海社会科学院出版社，2022.

[15]王易. 传统文化与思想政治教育创新[M]. 北京：中国人民大学出版社，2018.

[16]骆郁廷. 思想政治教育引论[M]. 北京：中国人民大学出版社，2018.

[17]沈壮海，刘晓亮，司文超，等. 中国大学生思想政治教育发展报告2020[M]. 北京：北京师范大学出版社，2022.

[18]刘占军. 新时代大学生思想政治教育着力点研究[M]. 西安：陕西人民出版社，2019.

[19]王利平. 网络环境下高校思想政治教育方法研究[M]. 武汉：武汉大学出版社，2020.

[20]刘小春. 高校网络思想政治教育引论[M]. 重庆：重庆大学出版社，2021.